PLANETA AZUL EM ALGEMAS VERDES

O QUE ESTÁ CORRENDO PERIGO:
O CLIMA OU A LIBERDADE?

VÁCLAV KLAUS

WWW.DVSEDITORA.COM.BR
SÃO PAULO, 2010

PLANETA AZUL em ALGEMAS VERDES

DVS Editora 2010 - Todos os direitos para a língua portuguesa reservados pela editora.

Publicado originalmente em 2007, com o título, *Modrá, nikoli zelená planeta - Co je ohroženo: klima, nebo svoboda?*, pela Dokořán, s.r.o., República Tcheca.

© Václav Klaus 2007

Nenhuma parte deste livro poderá ser reproduzida, armazenada em sistema de recuperação, ou transmitida por qualquer meio, seja na forma eletrônica, mecânica, fotocopiada, gravada ou qualquer outra, sem a autorização por escrito do autor.

Tradução: Juliana Lemos
Diagramação: Spazio Publicidade e Propaganda
Ilustrações: © Jiří Slíva (começo do livro) e © Ivan Steiger (final do livro).

```
Dados  Internacionais  de  Catalogação  na  Publicação  (CIP)
       (Câmara  Brasileira  do  Livro,  SP,  Brasil)

       Klaus, Václav
          Planeta azul em algemas verdes : o que está
       correndo perigo : o clima ou a liberdade? / Václav
       Klaus ; [tradução Juliana Lemos]. -- São Paulo :
       DVS Editora, 2010.

          Título original: Blue planet in green shackles :
       what is endangered : climate or freedom?
          Bibliografia.
          ISBN 978-85-88329-57-7


          1. Ambientalismo 2. Ambientalismo - Aspectos
       sociais 3. Aquecimento global 4. Ciência e Estado
       5. Proteção ambiental - Aspectos econômicos
       6. Relatividade I. Título.




10-13627                          CDD-363.738
```

Índices para catálogo sistemático:

1. Ambientalismo : Aspectos radicais :
      Problemas sociais   363.738

PLANETA AZUL EM ALGEMAS VERDES

O Que Está Correndo Perigo:
o Clima ou a Liberdade?

VÁCLAV KLAUS

"Então, você acredita em aquecimento agora?"

Índice

Apresentação	ix
Prefácio	xiii
Introdução	xvii
1. Definindo o Problema	1
2. Os Recursos Naturais, Sua Exaustão e o Papel Indispensável dos Preços	17
3. O Efeito da Riqueza e do Progresso Tecnológico	23
4. As Taxas de Desconto e a Preferência Temporal	33
5. Análise do Custo-Benefício ou Absolutismo do Princípio da Precaução?	43
6. O Que Está De Fato Acontecendo com o Aquecimento Global?	49
7. O Que Fazer?	67
Apêndices	75
Bibliografia	93

Apresentação

A Fundação Armando Alvares Penteado (FAAP), seguindo sua tradição de trazer ao conhecimento e ao debate do mundo acadêmico e da comunidade em geral temas de grande interesse e atualidade, brinda-nos com a publicação em língua portuguesa desta obra polêmica, e ao mesmo tempo consistente e instigante, que é *Planeta Azul em Algemas Verdes*, do presidente da República Tcheca, Václav Klaus.

Doutor em Economia, ex-pesquisador do Instituto de Economia da Academia de Ciências de seu país e ex-ministro das Finanças, Václav Klaus, antes mesmo de se tornar presidente da República Tcheca, já era uma personalidade conhecida internacionalmente. Autor de livros premiados, muitos deles versando sobre temas políticos e econômicos, Václav Klaus manifesta, na presente publicação, a insatisfação de numerosos economistas, e mesmo de boa parcela da comunidade científica, com os rumos tomados pelo debate a respeito das mudanças climáticas e do aquecimento global.

Recordo as palavras do papa João Paulo II, em 1986, quando afirmou: "*A relação harmoniosa entre o homem e a natureza é um elemento fundamental da civilização, e intui-se facilmente todo o contributo que a ciência pode dar no campo da ecologia, para a defesa das alterações violentas do ambiente e o aumento da qualidade de vida para a humanização da natureza."*

Os ambientalistas mais radicais fazem uma leitura equivocada das mudanças que vêm ocorrendo no planeta em que vivemos, e, em que pese eventualmente sua boa intenção, o passionalismo com que o tema tem sido analisado contribui para transformar-se num libelo contra a liberdade econômica.

Planeta Azul em Algemas Verdes foi publicado originalmente sob o patrocínio do Competitive Enterprise Institute (CEI), cujo presidente, Fred L. Smith Jr., assina o prefácio da obra, assumindo claramente o desafio de criar uma contra-aliança integrada por executivos, estudiosos e defensores do livre mercado para fazer frente à chamada onda verde.

Para refutar os ambientalistas mais radicais, que fazem uso do que chama de "tática do medo", Klaus minimiza as mudanças provocadas pelos seres humanos e lembra que "no curso da história do nosso planeta, o estado e o formato dos continentes e oceanos, a estrutura das espécies animais e vegetais, a evolução da atmosfera, entre outras coisas, já foram alvo de processos de mutação permanentes causados tanto por mecanismos endógenos naturais como por fatores exógenos incontroláveis". "Muitos desses mecanismos – como a atividade solar – estão completamente fora do nosso controle", acrescenta ele.

Entre outros mecanismos que justificam uma reavaliação das previsões catastróficas, Klaus propõe utilizar a base metodológica das Ciências Econômicas, enfatizando, entre outros, os conceitos da relação custo-benefício e do desconto social. "A Economia – ensina – não mede temperaturas, o nível de dióxido de carbono, a radiação solar, as reservas de petróleo submarinas, mas ela estuda o comportamento humano."

Depois de desfilar por temas e conceitos ambientais, econômicos e até matemáticos, endereçando nesse percurso algumas invectivas contra os ambientalistas mais sectários, Václav Klaus dedica o último capítulo – ***"O que fazer?"*** – às considerações finais. E ele logo adianta, numa singular interpretação dos fatos e das circunstâncias em análise, que o melhor é não fazer nada, ou, pelo menos, nada "de mais", deixando que a atividade humana siga seu curso natural.

Nos apêndices da obra, nos quais reproduz o discurso que fez por ocasião da Conferência de Mudança Climática da Organização das Nações Unidas (ONU), de 2007, não se nega a fazer algumas recomendações para então concluir: "Devemos confiar na racionalidade do ser humano e no resultado da evolução espontânea da sociedade humana, e não nas virtudes do ativismo político." Além de proporcionar uma leitura agradável e elucidativa, a obra de Václav Klaus representa para ambientalistas, empreendedores, economistas e todos aqueles que se preocupam com o bem-estar da humanidade e com o futuro do planeta, um generoso convite à reflexão e à troca de ideias.

São Francisco de Assis em *O Cântico das Criaturas* lembra: *"Louvado seja, meu Senhor, pela irmã água que é muito útil e humilde. É preciosa e casta."*

Senador Marco Maciel
Senador, vice-presidente da República, governador de Pernambuco, membro da Academia Brasileira de Letras e do Instituto Histórico e Geográfico Brasileiro

Prefácio

Nos dias de hoje, o debate sobre o aquecimento global, o qual tomou conta de toda a Europa e também dos Estados Unidos da América (EUA), tornou-se um tópico extremamente controverso. Dos dois lados do Atlântico, o debate transformou-se numa guerra cultural contra a liberdade econômica. Por isso é necessário que pessoas defendam a liberdade para renovar o debate, e assim demonstrar como pessoas livres podem lidar melhor com os desafios que enfrenta a civilização no Ocidente.

E, para este fim, temos o orgulho de apresentar *Planeta Azul em Algemas Verdes*, de autoria do presidente tcheco Václav Klaus, obra que acreditamos ser uma importante contribuição para a causa. Sua determinação em falar sobre os desafios que representam as políticas mundiais alarmistas para impedir o aquecimento global é de grande importância, e muito bem-vinda.

É bastante apropriado que o Competitive Enterprise Institute (CEI) esteja publicando este livro hoje. Há anos o CEI está à frente na luta contra as políticas climáticas alarmistas. Que um dos poucos líderes políticos a ter sucesso em sua luta pelo aumento da liberdade em seu país tenha se juntado a nós nessa causa é um privilégio e uma honra. E fico feliz em dizer que esse não é o nosso primeiro encontro a dar frutos.

Há alguns anos, eu me correspondi com o presidente Klaus; chegamos à conclusão de que um "novo homem ambiental" pode estar surgindo para guiar todos nós — já libertos de qualquer interesse próprio — a um Bravo (e verde) Mundo Novo. Em 1994, escrevi a ele descrevendo o posicionamento do CEI: que um planejamento centralizado de políticas de cunho ecológico era mais perigoso do que um planejamento econômico centralizado. Sua resposta ("em uma frase: concordo plenamente com você") está emoldurada e pendurada na parede do meu escritório desde então.

Assim, a publicação do livro do presidente Klaus Václav volta ao ponto de partida de nosso relacionamento com ele. Mas também está ligada a outro elo que temos com seu país. Até recentemente, eu não havia me dado conta de que o grande economista Joseph Schumpeter nasceu na região que agora se denomina República Tcheca. Assim como muitos outros pensadores europeus, Schumpeter era um tanto pessimista, e argumentou, de maneira bastante persuasiva, que o **capitalismo** acabaria por **fracassar**. Ele observou que o sucesso do capitalismo iria criar uma classe intelectual bem grande e cada vez mais poderosa; e que essa classe — movida pela inveja da riqueza daqueles que realizavam empreendimentos e pelo desejo de ter poder — iria então solapar as bases morais do liberalismo econômico, estimulando o crescimento de uma grande classe de burocratas modernos.

O resultado é que os intelectuais ocupariam uma posição moral superior e se beneficiariam diretamente disso ao preencher diversos cargos bem remunerados, tanto no governo quanto em empresas regulamentadas. A combinação de recompensas psicológicas e econômicas colocaria o estatismo entre os interesses da classe intelectual.

A descrição de Schumpeter ajuda bastante a explicar a fraca defesa da liberdade na Europa e nos EUA. Mas, ainda assim, ela continua a ser pessimista demais. O presidente Klaus e outros liberais clássicos na Europa, o CEI e outras organizações influentes ainda não sucumbiram a essa tentação coletivista. E, com efeito, escolhemos nos tornar os "traidores" de nossa classe e nos devotar a propagar a ideia de **liberdade econômica** e fazer com que ela volte a ter crédito.

Como somos minoria, devemos buscar aliados, se quisermos vencer. Acredito que nosso próximo passo é nos **aliar** àqueles que são ativos no sistema capitalista — pelo menos àqueles que estão ativos no meio **empreendedor** — e que se beneficiam da expansão da esfera na qual as trocas voluntárias são possíveis. Os empreendedores costumam ser melhores nos negócios do que na política, então eles precisam buscar um escopo mais amplo no qual possam exercer suas relativas vantagens. Devem trabalhar conosco para avançar a privatização, a desregulamentação, o livre comércio e limitar o poder do Estado — ou seja, a liberalização econômica em geral. Mas, mesmo nessa esfera, encontramos grandes dificuldades.

Infelizmente, foram os nossos oponentes, a favor do crescimento do governo, que nos mostraram o potencial de iniciativas como essa. Nos EUA, eles criaram uma aliança poderosa entre ativistas pelo meio ambiente com inclinações esquerdistas e advogados que agem de maneira pouco lícita. E agora até têm importantes presidentes de corporações a seu lado. Os executivos, seduzidos pela ideia do lucro a partir da manipulação do meio legal, juntamente com uma política favorável de relações públicas (RP), estão passando a apoiar propostas para limitar a emissão de dióxido de carbono, na esperança de lucrar com a venda de créditos da emissão, e também com a legislação sobre a energia "renovável", na esperança de ganhar subsídios.

Temos à nossa frente inúmeros alvos. E isso não é nem um pouco surpreendente, se levarmos em conta as tentações do poder político e do lucro material a partir de políticas predatórias. Já temos nossas metas bem claras e delimitadas.

Nosso desafio é criar a nossa própria contra-aliança de executivos, empreendedores, estudiosos e defensores do livre mercado. Tal aliança poderia nos dar os recursos de que precisamos para contrabalançar a previsão de Schumpeter, fazendo, assim, com que a liberdade econômica prevaleça.

Schumpeter lançou um desafio: eliminar a disparidade entre o mundo das ideias e o mundo da política. Como alguém com um pé em cada uma dessas áreas, o presidente Klaus já fez muito para avançar essa meta. E este livro é mais um passo para levá-la adiante.

Fred L. Smith Jr.
Presidente do Competitive Enterprise Institute

Introdução

Vivemos numa época estranha. Bastou um inverno excepcionalmente quente para que ambientalistas e seus seguidores tirassem conclusões apressadas sobre a mudança climática e exigissem a implementação de medidas radicais que pudessem "fazer alguma coisa" para mudar o clima – se possível, agora mesmo. Toda essa azáfama aconteceu apesar da existência de tendências climáticas de longo prazo e do fato de que a média da temperatura global no século XX aumentou em apenas 1,1°F (pouco mais de 0,5°C).

Uma coisa seguiu-se à outra. O documentário de Al Gore, ganhador do Oscar, foi visto em cinemas do mundo todo. O relatório Stern (Stern 2006), escrito por ordem do primeiro-ministro inglês Tony Blair, foi publicado com grandes loas. O resumo (mais político do que científico) do quarto relatório do Painel Intergovernamental sobre Mudanças Climáticas (Intergovernmental Panel on Climate Change - IPCC 2007) da Organização das Nações Unidas (ONU) apareceu na primeira página dos jornais - surpreendentemente, vários meses antes da publicação do próprio relatório. A coerção do politicamente correto, mais severa do que nunca, está ficando cada vez mais forte, e só há espaço para uma verdade, a qual é, mais uma vez, imposta a todos nós. Todas as outras coisas são denunciadas. O ministro britânico do Meio Ambiente afirmou recentemente que, assim como os terroristas não podem se apresentar perante os veículos de comunicação, os céticos quanto às mudanças climáticas não têm o direito de falar publicamente contra o aquecimento global. Infelizmente, esta não é a primeira vez na história da humanidade em que testemunhamos tamanha pressão ideológica. A ponta do *iceberg* foi delegar o prêmio Nobel da Paz a Al Gore.

Concordo com Michael Crichton (2003, 1) quando afirma que: "O maior desafio que a humanidade enfrenta atualmente é o de distinguir a realidade da fantasia, a verdade da propaganda. Discernir a verdade sempre foi um desafio para a humanidade mas, nessa era da informação (ou, como gosto de pensar nela, a era da desinformação), isso tem ainda mais peso e importância." Pretendo contribuir para o debate com esta minha pequena obra.

O aquecimento global tornou-se símbolo e exemplo da luta entre a **verdade** e a **propaganda**. A verdade politicamente correta já foi estabelecida e não é fácil opor-se a ela. Mesmo assim, um grande número de pessoas, inclusive renomados cientistas, enxerga de maneira bem diferente a questão da mudança climática, suas causas e a previsão de suas consequências. Essas pessoas ficam alarmadas com a arrogância daqueles que defendem a hipótese do aquecimento global e a hipótese complementar que liga o problema do aquecimento global a algumas atividades específicas do ser humano. Temem que as medidas propostas e aquelas que já foram implementadas irão afetar de maneira radical as vidas de cada um deles – e com razão. Também partilho dessa preocupação.

Os defensores e propagadores dessas hipóteses altamente controversas são, em sua maioria, cientistas que lucram com suas pesquisas, tanto financeiramente quanto com reconhecimento acadêmico, e também políticos (e seus representantes no mundo acadêmico e nos meios de comunicação) que vêem nelas uma questão política atraente o suficiente para que possam construir suas carreiras. Encaro o problema da mesma maneira que o famoso físico holandês Hendrik Tennekes, que protestou contra tais atitudes já em 1990, e que recentemente percebeu a necessidade de voltar novamente a falar sobre o assunto. Ele afirma que existe uma diferença crucial entre 1990 e 2007: "Na época, eu estava preocupado. Agora, estou com raiva" (Tennekes 2007, 1). Com raiva de seus colegas no mundo acadêmico, acrescenta. E com raiva de certos políticos, acrescento eu.

Tennekes (2007) cita uma declaração de 1976 de Stephen H. Schneider, a partir de Harvey Brooks (então decano do departamento de engenharia em Harvard): "Os cientistas não podem mais se dar o luxo de serem ingênuos a ponto de ignorar os efeitos políticos das opiniões científicas declaradas publicamente:

Introdução

se o efeito de suas opiniões científicas tiver poder de manobra política, eles têm a obrigação de declarar seus posicionamentos e valores políticos e tentar ser honestos consigo mesmos, com seus colegas e com o público, declarando até que ponto seus pressupostos afetaram a seleção e interpretação que fizeram dos dados científicos." Essa é a principal tese subjacente aos pontos que levanto nesta obra.

Adoto posição semelhante à do professor Richard S. Lindzen, do Massachusetts Institute of Technology (MIT), que recentemente escreveu o seguinte:

> "As gerações futuras ficarão surpresas e acharão graça do fato de que, no começo do século XXI, a população dos países de primeiro mundo entrou em pânico e ficou histérica com um aumento global de temperatura de míseros décimos de grau, e que, com base em exageros absurdos de projeções matemáticas extremamente improváveis, combinadas com cadeias de raciocínios dedutivos, passaram a contemplar a possibilidade de reverter a era industrial." (citado em Horner 2007, na contracapa do livro).

São exatamente tais questões que pretendo abordar neste livro, que passou a existir nos três primeiros meses de 2007, como subproduto da minha presidência na República Tcheca. Muito da obra não são novas pesquisas. Assim, são frequentes as citações de outros. Ademais, o livro não aspira ser mais do que um compêndio de conhecimentos leigos a respeito das ciências naturais. Mas não vejo tal fato como uma deficiência. O problema do aquecimento global tem bem mais a ver com as ciências sociais do que com as naturais, mais com economia do que com climatologia, mais a ver com o ser humano e sua liberdade do que com um aumento na temperatura média global em alguns décimos de grau Fahrenheit.

Pouco antes de terminar este livro, em março de 2007, pediram-me para trazer a público minhas opiniões (na forma de respostas a cinco perguntas) para o Congresso dos EUA, numa audiência com Al Gore, o ex-vice-presidente. Minhas respostas encontram-se no Apêndice A, ao fim do livro. Em setembro de 2007, apresentei uma palestra na Conferência sobre Clima Global da ONU, em Nova York. Tal palestra está também inclusa no livro, no apêndice D.

Gostaria de agredecer aos muitos colegas e amigos que me ajudaram a polir minhas opiniões sobre o assunto e a dar-lhes forma. Os debates que tive com Jiří Weigl e Dušan Tříska foram bastante proveitosos. O mesmo vale para os *e-mails* que troquei com o dr. Luboš Motl, da Harvard University, e com o professor Fred Singer, da University of Virginia.

Como testemunha desse debate de escala mundial, quero dizer que não me encontro mais **preocupado**, e sim **furioso**: e é essa fúria que impulsiona o texto que se segue.

Capítulo 1

Definindo o Problema

O que está em jogo é a liberdade do ser humano • O ambientalismo é uma ideologia semelhante à religião • Ele também tem várias semelhanças com o marxismo • O debate do autor com Al Gore e a crítica às obras de Al Gore • A importância da economia para o debate

Há algum tempo venho falando e escrevendo a respeito do meio ambiente, mas de maneira não muito organizada. E há tempos desejo apresentar ao público em geral as opiniões bastante complexas que tenho a respeito do atual debate sobre o meio ambiente em geral (o qual se dá de maneira bastante injusta e irracional) e sobre o aquecimento global, em particular. Esse é um debate que cada vez mais se parece com uma disputa ideológica e política, mas somente quando serve de substituto para outras questões — e este problema é algo que pretendo salientar nesta obra.

Os temas comuns dessa disputa (ou talvez confronto) estão claramente relacionados à liberdade do ser humano, e não ao meio ambiente. Tais temas são mais relevantes para os países desenvolvidos e comparativamente ricos do que para os menos desenvolvidos e mais pobres, onde as pessoas costumam enfrentar problemas mais imediatos. Mas é certo que esses países mais pobres enfrentam um perigo ainda maior: o de saírem lesados nesta briga, a qual eles nem mesmo começaram. Tais países são agora reféns dos ambientalistas, que sugerem pôr fim ao progresso humano, pagando por isso um custo muito eleva-

> Toda vez que alguém morrer por causa de uma enchente em Bangladesh, deveríamos pegar um desses executivos das empresas áreas, arrastá-lo para fora de seu escritório e afogá-lo.
>
> George Monbiot (2006)
> Jornalista britânico do jornal *The Guardian*

do. As vítimas finais serão os mais pobres. Além disso, já existem propostas de leis e medidas que, até o momento, não surtiram nenhum efeito significativo. Como muito bem salientou Bjørn Lomborg (2007), implementar todas as recomendações propostas por Al Gore (à custa de grandes gastos) acarretará resultados pífios: graças ao suposto aumento do nível do mar, os habitantes da parte litorânea de Bangladesh irão se afogar não em 2100, mas em 2105, caso as catastróficas estimativas atuais de fato venham a ocorrer! É por isso que Lomborg está, como eu, convencido de que devemos agir de modo completamente diferente, fazer algo que possa trazer resultados concretos.

Antes de continuar, quero deixar claro que estou de pleno acordo com as opiniões dos liberais clássicos, um grupo de seres humanos que está, ele mesmo, à beira da extinção. Os liberais clássicos estão certos em insistir que a maior ameaça à liberdade, à democracia, à economia de mercado e à prosperidade, ao fim do século XX e no começo do século XXI, não é mais o socialismo (e certamente também não a sua versão mais radical, a qual nós, tchecos, viemos a conhecer de perto na era comunista). A maior ameaça, na verdade, é a ambiciosa, inescrupulosa e bastante arrogante ideologia do **ambientalismo**. O ambientalismo é um movimento político que originalmente teve início com a ideia de proteção do meio ambiente — uma meta pouco pretensiosa e talvez até mesmo genuína —, mas que gradualmente transformou-se numa ideologia quase sem nenhum vínculo com a natureza.

Em tempos recentes, essa corrente ideológica tornou-se a principal alternativa a ideologias que basicamente estão em busca da liberdade. O ambientalismo é um movimento que pretende mudar radicalmente o mundo, independentemente das consequências (ao custo de vidas humanas e de restrições severas sobre a liberdade individual). Pretende mudar a humanidade, o comportamento humano, a estrutura da sociedade, o sistema de valores — tudo, em suma.

Para evitar mal-entendidos, gostaria de esclarecer que meu objetivo não é dar opiniões pessoais sobre as ciências naturais ou a Ecologia como ciência. O ambientalismo, na verdade, nada tem a ver com as ciências naturais. E, o que é pior, infelizmente, ele nada tem em comum com as ciências sociais, muito embora opere na mesma área que elas. Neste aspecto, o ambientalismo demonstra a total inocência de (alguns) cientistas naturais que aplicam princípios científicos à sua própria disciplina, mas que descartam completamente tais princípios sempre que passam a outra área de estudo.

Embora o ambientalismo se gabe de seu cientificismo, na verdade, ele é, em essência, uma ideologia metafísica que se recusa a ver o mundo, a natureza e o ser humano como de fato são. O ambientalismo não tem nenhuma simpatia pela ideia de evolução natural, encarando o atual estado do mundo e da natureza como um padrão intocável, e considera qualquer mudança como um erro fatal que pode colocá-los em perigo.

Numa palestra recente e bastante aclamada, em Nova York, Al Gore (2006b) afirmou, explicitamente: "Estamos agora enfrentando uma emergência de escala planetária e nos aproximando de diversos 'momentos críticos' que podem, dentro de no máximo dez anos, fazer com que seja possível evitar danos irreversíveis às chances de nosso planeta ser habitável. "Tais declarações são completamente absurdas, e até é possível dizer que fazem uso da tática do medo". Declarações do tipo, entre outras coisas, ignoram completamente o fato de que, no curso da história do nosso planeta, o estado e o formato dos continentes e oceanos, a estrutura das espécies animais e vegetais, a evolução da atmosfera, entre outros, já foram alvo de processos de mutação permanentes, causados tanto por mecanismos endógenos naturais e complexos como por fatores exógenos incontroláveis. Muitos desses mecanismos — como a atividade solar — estão completamente fora do nosso controle.

É evidente que, no último milênio, os seres humanos foram um dos fatores que causaram tais mudanças. Para os ambientalistas — e o raciocínio deles é mais do que simbólico —, os seres humanos são, na verdade, um fator exógeno. Graças ao comportamento humano, as características da paisagem natural passaram por uma mudança substancial, houve um aumento das espécies vegetais e animais e ocorreram algumas mudanças climáticas parciais. Contudo, exceto no caso de alguns efeitos locais, a importância dos seres humanos para as mudanças que ocorreram, ou para as mudanças que ocorrem agora, ainda não pode ser determinada com precisão.

Se os critérios dos ambientalistas contemporâneos fossem aplicados, por exemplo, a diferentes eras históricas da evolução da humanidade, provavelmente teríamos de concluir que fomos tanto as testemunhas, quanto os culpados de um permanente desastre ecológico. Modificamos biótopos extintos em uma área cultural, expulsamos a flora e fauna existentes e os substituímos por grãos utilizados na agricultura. Tais atos acarretaram mudanças climáticas (seja por causa de irrigação ou desertificação causada pelo desflorestamento ou pela transformação da vegetação em pasto). O bom senso, contudo, diz que devemos evitar tais conclusões. Do ponto de vista ambientalista atual, o desmatamento de florestas virgens na Europa Central foi, sem sombra de dúvida, um enorme desastre ecológico. Mas tais florestas foram substituídas por uma paisagem cultural nova, diferente, a qual é francamente um **substituto mais aceitável** do que a paisagem extinta — e não apenas de um ponto de vista estético.

Se levarmos o raciocínio dos ambientalistas a sério, descobriremos que defendem uma ideologia anti-humana. Essa ideologia vê como causa fundamental dos problemas do mundo a própria evolução do *Homo sapiens*. Os seres humanos venceram as amarras iniciais da natureza por meio da evolução de seu intelecto e de sua capacidade de remodelar a natureza e fazer uso dela. E não é nenhuma coincidência que muitos ambientalistas se recusem a colocar os seres humanos no foco de suas atenções. Embora o termo "antropocentrismo", usado para o ponto de vista oposto, não seja de todo pertinente e adequado, ele contribui bastante para meu modo de pensar. E, de fato, acredito que o antropocentrismo não é apenas o meu ponto de vista, mas também o da humanidade como um todo. O etnocentrismo é algo totalmente diferente, assim como o é a chamada hipótese de Gaia, baseada na deificação da Terra (para comentários críticos dessa hipótese sob um ponto de vista cristão, ver Scharper, 1994).

Os ambientalistas parecem ignorar o fato de que grande parte da massa terrestre é resultado de uma consciente atividade humana e que os conflitos, muitas vezes iniciados por aqueles que afirmam ser os defensores da natureza, não almejam proteger nenhuma paisagem original, e sim um produto histórico de atividades humanas. Por exemplo, não existem critérios para determinar se a existência de uma espécie animal em uma determinada área deveria ser considerada um obstáculo para a uma atividade humana, principalmente se tal espécie propagou-se na área só como resultado das modificações humanas no local nos últimos séculos.

Os ambientalistas ignoram até mesmo o fato de que a natureza, assim como a própria humanidade, está constantemente em busca de condições favoráveis para si própria e também é

> Hoje em dia, uma das religiões mais poderosas no mundo ocidental é o ambientalismo(...) Existe a ideia de um Éden inicial, um paraíso, um estado de graça e união com a natureza, e existe a queda desse estado de graça para um estado de poluição, e isso é o resultado de comer da árvore do conhecimento. A consequência para tais atos é que haverá um dia do julgamento para todos nós.
>
> Michael Crichton (2003)
> Famoso autor de ficção

capaz de gerá-las. Embora as condições de vida de algumas plantas, espécies animais e vegetais estejam deteriorando por ação de determinadas atividades humanas, as condições podem estar se tornando mais favoráveis para outras espécies. A própria natureza está se adaptando a tais mudanças de maneira bastante flexível. Ela sempre o fez, muito antes de o primeiro ser humano surgir. É por isso que todas as estatísticas que procuram enumerar as espécies extintas nas últimas décadas são tão enganosas. Mas são essas estatísticas que costumam ser usadas como forte argumentação para implementar diversas proibições, restrições e limitações protecionistas. As espécies animais surgem e morrem por um motivo, apenas: a **permanente adaptação da natureza às mudanças nas condições de vida**.

Ou seja, nada que seja semelhante a um estado ideal e predefinido do mundo, o qual precisamos, por algum motivo, preservar e proteger. As condições atuais do mundo são resultado de interações espontâneas de um grande número de fatores cósmicos, geológicos e climáticos, entre outros, e também do efeito de diversos componentes da natureza viva, os quais sempre buscam as melhores condições para sua reprodução. O equilíbrio que existe na natureza é um equilíbrio dinâmico.

A atitude dos ambientalistas para com a natureza é análoga à abordagem dada pelos marxistas às questões econômicas. O objetivo, em ambos os casos, é substituir a evolução livre e espontânea do mundo (e da raça humana) por um planejamento do mundo que seja ideal, central, ou ainda, para usar o adjetivo que está na moda hoje, global. Assim como no caso do comunismo, essa abordagem é uma utopia que leva a resultados completamente diferentes dos desejados. Assim como outras utopias, essa talvez nunca se materialize, e as tentativas de torná-la real só podem ser colocadas em prática por meio de restrições à liberdade e de imposições de uma minoria pequena e elitista à esmagadora maioria da população.

A bizarra essência do ambientalista fica evidente quando observamos o quanto a essência dos ataques ambientalistas passou por mudanças evidentes — porque, para os ambientalistas, o verdadeiro alvo de sua crítica não é tão importante assim. O que importa é despertar a sensação de perigo, prever um perigo de magnitudes jamais imaginadas, mostrar o quanto a previsão é ameaçadora. Assim que esse tipo de atmosfera é adequadamente criado, surge uma nova obrigação: agir rápido (se possível, imediatamente), sem prestar atenção a detalhes ou aos custos das medidas recém-adotadas. Nesse ínterim, a regra passa a ser ignorar inteiramente os custos de oportunidade (isto é, os gastos e o lucro perdido ao se reorganizar as prioridades); ignorar os habituais procedimentos da

> Não seria a única esperança para o nosso planeta que as civilizações do mundo industrializado entrassem em colapso? E não seria nosso dever levar isso a cabo?
>
> Maurice Strong
> Presidente do Conselho das Nações Unidas para a Universidade da Paz e criador do Protocolo de Kyoto
> (citado em Horner, 2007)

democracia parlamentar, considerados lentos demais; descartar a opinião das pessoas leigas (porque explicar tudo a elas exigiria tempo); e agir e decidir de modo direto, por meio daqueles que de fato sabem como o mundo funciona.

Não é nenhuma coincidência que toda essa preocupação com a qualidade da água nos rios e lagos e com a fumaça nas áreas industriais tenha surgido na mesma época do nascimento do ambientalismo. Mais tarde, o movimento passou a se concentrar no problema dos recursos naturais. Vejamos, por exemplo, o famoso e absurdo livro *Os Limites do Crescimento*, escrito por Meadows et al. (1972) e encomendado pelo *think tank* (grupo de reflexão) Clube de Roma. De maneira perfeitamente malthusiana, a obra previa o surgimento de uma "bomba populacional" e da superpopulação, e tinha como principais alvos o DDT (dicloro--difenil-tricloroetano) e outros pesticidas, assim como outros elementos e compostos químicos. O livro revelava a "chuva ácida"; alertava contra a extinção das espécies; e revelava o derretimento das geleiras, o aumento do nível do mar, o perigo do chamado buraco na camada de ozônio e, finalmente, o aquecimento global. Alguns desses desastres hipotéticos logo caíram no esquecimento porque foram solucionados de maneira eficaz pelo comportamento humano espontâneo e natural.

Nos os últimos 150 anos (pelo menos desde Karl Marx), os socialistas vêm progressivamente solapando, com bastante sucesso, as liberdades humanas, utilizando-se de palavras de ordem humanitárias e compassivas, como a afirmação de que se importam com os seres humanos, com sua igualdade "social" e seu bem-estar. Os ambientalistas fazem o mesmo com palavras de ordem igualmente nobres, expressando seu pesar com a natureza mais do que com as pessoas (lembremos de seu radical lema: **"A Terra em primeiro lugar!"**). Em ambos os casos, essas palavras de ordem têm sido (e ainda são) só uma cortina de fumaça — como costuma ser o caso da maioria delas, no fim das contas. O que estava por trás dos dois movimentos era (e ainda é) o **poder**, a **hegemonia dos "escolhidos"** (que é como eles se enxergam) sobre o resto da humanidade, a imposição de uma única visão de mundo correta (a deles próprios), a reconstrução do mundo.

Concordo com Marek Loužek (2004) quando expressa ideia semelhante ao dizer que o ambientalismo "busca reformar a ordem social e a remoção de injustiças sociais e ambientais criadas pela ação dos livres mercados".

O atual ministro da indústria e comércio da República Tcheca, Martin Říman, é um eminente antiambientalista tcheco, como prova sua atuação nos últimos anos. Seu último artigo a abordar essa questão, *The European Warming Hysteria* (*A Histeria Europeia sobre o Aquecimento Global*), afirma, sem deixar sombra de dúvida, que a decisão do Conselho Europeu de aumentar a participação dos chamados recursos renováveis "não tem nenhuma relação com a proteção do meio ambiente" e que "talvez menos ainda com um suposto aquecimento global" (Říman, 2007, *Hospodářské noviny*, 10). Ele considera as recentes ambições de alguns políticos europeus para liderar a batalha contra o aquecimento global um "desperdício de energia". E sua declaração é perfeita: "Os **pioneiros europeus** serão ainda mais inúteis do que aqueles que usam lenços vermelhos no pescoço" (ibid).[1]

Também concordo com o que diz Ivan Brezina, por exemplo, em seu artigo *O Ecologismo como uma Religião Verde* (2004). O autor, biólogo de formação, distingue de maneira bastante correta e rigorosa essa religião verde da "ecologia científica", uma diferença que certas pessoas ainda não compreendem — ou fingem não compreender. Brezina (2004, 43) não considera o ambientalismo (ou "ecologismo", para usar seu termo), "uma resposta racional e científica para uma crise ecológica genuína" — uma crise que, devo acrescentar, não existe —, e sim uma rejeição geral à "atual forma de civilização". O ambientalismo radical baseia-se na noção de que o problema é subjacente à "própria essência da sociedade moderna" (Brezina, 2004, 53) e que é por isso que a sociedade deve mudar.

Brezina também respondeu de maneira rápida e certeira às afirmações feitas por Al Gore ao apontar seu consumo abusivo de eletricidade. No artigo *O Sacerdote da Religião do Aquecimento Global Está Nu* (Brezina 2007b), ele desmascara impiedosamente a hipocrisia das assertivas de Al Gore.

O economista tcheco Karel Kříž também vê o ambientalismo como "uma nova religião". E faz uma perspicaz indagação: "Quem foi responsável pelo desaparecimento das geleiras nas montanhas tchecas?" Teriam sido os povos da civilização *urnfield*?" (Kříž 2005, 32-33)[2]

Eu poderia citar outros autores, tchecos ou não, que possuem opiniões semelhantes e criticam o ambientalismo — opiniões que infelizmente expressam

---

1   Esta citação se refere à jovem organização comunista (os pioneiros) e seu uso obrigatório de lenços vermelhos no pescoço. [N.T.Orig]

2   Os *urnfield* eram o maior agrupamento populacional no fim da Idade do Bronze na Europa, e foram proeminentes de 1200 a.C. até o surgimento dos celtas em 600 a.C. [N.T.Orig.]

qual é o posicionamento da minoria, tanto na República Tcheca como no resto do mundo. Na atual conjuntura, tais opiniões são vistas como "**politicamente incorretas**", principalmente nos EUA, na Europa, e, de modo bastante acentuado, em todas as organizações internacionais que não têm de prestar contas diretamente a ninguém e são, portanto, pós-democráticas (como a ONU). Tal atmosfera enfraquece sobremaneira o efeito de tal posicionamento crítico.

Em seu discurso *Não Subestimemos os Riscos Ecológicos* (Bursík, 2007), o presidente do Partido Verde tcheco, Martin Bursík, admite de maneira clara e inequívoca que tem intenções políticas e que deseja mudar a realidade atual. De acordo com Burskík (2007, 69): "Cabe aos representantes políticos criar um ambiente político, institucional e econômico propício à vida e garantir o desenvolvimento sustentável da raça humana. Ou, para sermos mais específicos, da República Tcheca." Vamos examinar alguns aspectos de sua declaração:

- Ele fala do futuro. De acordo com Bursík, este "ambiente propício à vida", totalmente indefinido e indefinível, ainda precisa ser criado. Isso indica que tal ambiente, favorável à vida na Terra e, em particular, na República Tcheca, ainda não foi criado. Tal raciocínio está equivocado. Ele parece ignorar por completo, entre outros elementos, as melhorias quase inacreditáveis do meio ambiente ocorridas na República Tcheca desde o colapso do comunismo (ver Figura 1.1). O responsável por essa mudança fundamental foi um mercado favorável ao meio ambiente (mas não aos ambientalistas), que trabalha em conjunção com os preços do mercado e a propriedade privada. Bursík ou rejeita por completo tais instituições ou as considera insuficientes.
- Ele não fala de mudanças parciais (economistas diriam que são marginais), e sim de nada menos do que da salvação da "humanidade", algo que infelizmente já ouvimos diversas vezes no passado.
- Ele confia nas iniciativas políticas daqueles que estão no comando em vez de confiar na atividade espontânea e apolítica, organizada informalmente, de milhões de pessoas responsáveis e que agem de maneira racional, em seu próprio interesse. De acordo com Bursík (2007, 70), a convicção dos liberais clássicos de que "as habilidades e ideias" dos seres humanos "sempre encontram alguma solução" é "uma tese infundada", que ele não considera ser boa o bastante.

O equivalente em escala global a Bursík é Al Gore. Já em fevereiro de 1992, encontrei Gore em Nova York, num debate televisivo dedicado a essa questão, durante os preparativos para a conferência que ocorreria no Rio de Janeiro,

Definindo o Problema

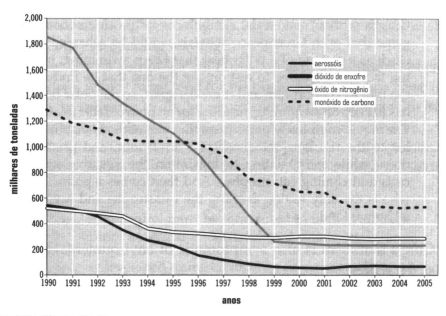

Figura 1.1. Poluição do Ar no Território da República Tcheca, 1990 – 2005

fonte: Instituto Hidrometeorológico Tcheco

onde muitos dos erros do presente já foram pré-decididos. Gore afirmou que "devemos promover a proteção do meio ambiente ao posto ideal e central de princípio organizador de um país moderno", ao redor do qual todo o resto deveria "orbitar". Tal declaração é totalmente absurda. Não concordei com quase nada que ele disse na ocasião. Muito pelo contrário: concordo com Lomborg e Rose (2007, 11) quando afirmam que Gore está criando uma "sociedade obcecada pelo meio ambiente" e que "embarcou numa missão" para "mudar radicalmente a nossa civilização com base na ameaça do aquecimento global".

Não desejo fazer uma resenha de seu "documentário" extremamente tendencioso porque chamar o filme de documentário é um insulto a essa arte. Depois de ver o filme, um de meus consultores, Michal Petřík (2006, 84), escreveu um artigo para a revista tcheca *Euro* intitulado *Uma Demagogia Inconveniente*:

> O filme foi um sermão de viés ideológico e ambientalista e provavelmente comete todos os erros possíveis de se cometer. Gráficos sem escalas, símbolos ou unidades, joguinhos emocionais que até mesmo ativistas do Greenpeace não se envergonhariam em fazer (como, por exemplo, o desenho animado de um urso polar que nada sem parar, tentando encontrar um pedaço de gelo onde descansar; mas o pedaço de gelo que ele encontra é fino demais para suportar seu peso

e se rompe, então o urso polar precisa continuar nadando, rumo à inevitável morte). O filme exime-se completamente de justificar os métodos que levaram às deduções, correlações e previsões resultantes, ao mesmo tempo em que extrapola ao máximo as previsões negativas e as catástrofes vindouras. E então surge um político que é o único Messias, que reverte essa catástrofe e salva toda a humanidade.

O moralismo de Gore também é sintomático dos ambientalistas. Petřík (2006) escreve o seguinte:

> "Até mesmo o próprio filho de Gore passou a ser útil para o filme, porque foi depois de seu acidente que Gore descobriu de que o mundo precisa. Da mesma forma, também ficamos sabendo a respeito da irmã do autor que, devido ao hábito de fumar a vida inteira, faleceu, vítima de câncer no pulmão. Portanto, não faltou ao filme uma revelação repentina seguida de conversão, elemento tipicamente presente em rituais religiosos."

A conclusão de Petřík (2006, 84) é clara: "O assunto principal do filme não é a ciência e muito menos a ecologia, e sim o abuso com intenções políticas dos problemas ambientais e maneiras de abordá-los."

Vejamos as obras escritas por Gore. Anos depois do seu livro lançado em 1992, *Earth in the Balance* (*A Terra em Balanço* – Editora Global, que foi o assunto do nosso debate televisivo), ele lançou outro livro, chamado *Uma Verdade Inconveniente*: *O Que Devemos Saber (E Fazer) Sobre o Aquecimento Global* (Gore, 2006a). O pior do livro é o modo como ele nos empurra a ideia de que o autor é o único detentor da verdade sem, no entanto, dar qualquer indício disso. Ele apresenta o caso com extrema autoconfiança e, como enxerga o problema como algo "moral", ele não hesita em descrevê-lo com um grau considerável de superioridade moral. O livro está repleto de clichês, tais como "a paixão que sinto pela Terra", "emergência planetária", "terríveis catástrofes" e "a extinção dos seres vivos". Na versão tcheca deste livro, mantive tais expressões em inglês, pois do contrário os leitores poderiam até mesmo pensar que eu as estivesse inventando. Vejo a declaração de Gore de que "a pior catástrofe possível na história da civilização humana está se aproximando" como quase sobrenatural (ver a introdução do livro de Gore). Aparentemente, Gore acredita que foi incumbido de uma "missão" de salvar sua geração, e essa missão está em oposição ao "ceticismo" do resto das pessoas. É uma leitura triste, mas bastante reveladora.

Outro autor relevante é Paul Ehrlich, um dos fundadores do ambientalismo, famoso por causa de sua obra *The Population Bomb*, algo como *A Bomba Populacional*, (Ehrlich, 1968). No início da década de 1970, ele escreveu outro livro, com coautoria de Richard Harriman, intitulado *How to Be a Survivor: A Plan to Save Spaceship Earth*, em tradução livre, *Como Ser um Sobrevivente: Um Plano para Salvar a Terra*, no qual ele propunha uma nova Constituição para os EUA, a qual incluiria as seguintes reformulações (Ehrlich e Harriman, 1971, citadas em Goklany, 6):

> 1. O controle populacional deve ser implementado tanto nos países excessivamente desenvolvidos como nos subdesenvolvidos.
>
> 2. Os países excessivamente desenvolvidos precisam passar por um processo de reversão de seu desenvolvimento.
>
> 3. Os países subdesenvolvidos devem ser semidesenvolvidos.
>
> 4. Devemos estabelecer procedimentos para monitorar e regular o sistema mundial num esforço contínuo para manter um equilíbrio ideal entre população, recursos e meio ambiente.

Ehrlich (1971) até mesmo recomendou diminuir a população dos EUA, que então era de 205 milhões, porque ele via a situação como algo insustentável. Quero salientar que os EUA, hoje, há mais de 300 milhões de habitantes, mas o país é muito mais rico do que há 35 anos. Talvez não seja necessário dizer que a liberdade dos seres humanos é o elemento essencial, não o meio ambiente.

A disputa com o ambientalismo tem ainda mais um lado que vale a pena mencionar, embora ele não seja diretamente relevante para o nosso debate aqui. Durante muitos anos, protestei contra as rejeições do esquema político de esquerda-direita (e que agora estão na moda) porque tal rejeição significa defender diversas abordagens alternativas e uma reengenharia social do mundo. De acordo com tais abordagens, a disputa entre esquerda e direita é um anacronismo que deve estar relegado somente ao passado.

Contudo, esse embate certamente não foi esquecido. Somos lembrados do fato pelos horrores ocorridos no século passado. Durante o período do fascismo, usou-se um argumento semelhante. Em seu livro *Ecology in the 20th Century* (*Ecologia no Século XX*, em tradução livre), Ann Bramwell (1989) critica a seguinte afirmação, que tem sua origem na década de 1930: "Aqueles que desejam reformar a sociedade de acordo com a natureza não são nem esquerdistas ou direitistas, e sim pessoas com orientação ecológica" (citado em Staudenmaier, 48). Concordo com Peter Staudenmaier, o autor do ensaio *Fascist Ideology: The Green Wing of the Nazi Party and Its Historical Antecedents* (em tradução livre, *Ideologia Facista: A Ala Verde do Partido Nazista e seus Anteceden-*

tes Históricos), quando ele diz que: "As palavras de ordem defendidas por muitos ecologistas contemporâneos, 'não estamos nem à esquerda e nem à direita, e sim à frente', ignoram por completo a história e são letais em termos políticos" (Staudenmaier 1995, 26).

Contudo, pergunto-me se eu não deveria ser um pouco mais leniente. Eu poderia, é claro, defender o esquema original de esquerda-direita referindo-me simplesmente ao fato de que o ambientalismo nada mais é do que uma encarnação moderna do esquerdismo tradicional, mas não sei se esse argumento serviria para esclarecer melhor. O significado de certas palavras já foi definido, e tentar redefini-las talvez não faça sentido.

Afinal, o confronto travado no começo da década de 1990 entre os tchecos, entre aqueles que defendiam o liberalismo clássico e os ideólogos da "sociedade civil", não foi apenas um mero confronto entre esquerda e direita. Em vez disso, esses não liberais eram movidos por uma estranha mistura de atitudes moralizantes (para com o comportamento humano em público e também na esfera privada) e opiniões datadas a respeito do mercado e outras instituições e políticas socioeconômicas. Mas não era um esquerdismo do tipo clássico. O atual confronto entre os liberais clássicos e o "europeísmo" dá-se da mesma maneira (Klaus, 2006).

Uma transformação semelhante está ocorrendo no mundo todo, hoje em dia. Roger F. Noriega (2006, 1), em um texto recente, *Struggle for the Future*: *The Poison of Populism and Democracy's Cure* (em tradução livre, *Esforço para o Futuro: O Veneno do Populismo e a Cura da Democracia*), o qual analisa a situação da América Latina, salienta que mesmo lá é complicado falar do clássico "confronto (...) entre ideologias de esquerda e direita". Ele argumenta que o populismo existe para assegurar a sobrevivência da própria democracia à luz do poder exercido por diversos líderes populistas, que o exercem por terem um acesso sem intermediários à população (Até mesmo na República Tcheca havia, no cerne do embate entre as ideologias progressistas e conservadoras, a ideia de liberdade e da própria essência da democracia.).

Noriega refere-se ao populismo que ameaça a democracia da mesma maneira que Marian Tupy (2006) o faz em sua análise da situação no Leste Europeu e na Europa Central, um ensaio intitulado *The Rise of Populist Parties in Central Europe* (*A Ascensão dos Partidos Populistas na Europa Central*, em tradução livre) Tupy (2006, 7) argumenta que: "A característica definitiva do (...) 'populismo' é sua recusa em considerar como variáveis as trocas benéficas" — em outras palavras, a recusa a levar em conta as alternativas e o fato de que sempre pode haver compensações. Tal atitude pode ser vista como uma característica comumente observada em diversas declarações e exigências "verdes".

Diversos autores referem-se a certas conexões históricas entre o ambientalismo (embora sob nomes diferentes, em épocas diferentes) e outras ideologias perigosas e diretamente totalitárias, em particular o fascismo (ou nazismo). Já citei Staudenmaier (1995, 1-23) que examina a fundo a chamada ala verde do socialismo nacionalista na Alemanha e, ao fazê-lo, demonstra que há uma significativa "sobreposição ideológica entre a conservação da natureza e o socialismo nacionalista". Ele chama a atenção do leitor para o "movimento *völkisch*", que veio à tona na segunda metade do século XIX e que "uniu o populismo etnocêntrico com o misticismo da natureza". No coração da tentação do *völkisch estava uma reação patológica à modernidade (Staudenmaier* 1995, 3).

> Os EUA já cresceram o suficiente em termos econômicos. O crescimento econômico em países ricos como o nosso é a doença, não a cura.
>
> Paul R. Ehrlich
> Professor de Estudos Populacionais,
> Stanford University
> (como citado por Horner, 2007, 11)

Os que defendiam este movimento acreditavam que "talvez a característica mais perniciosa da civilização burguesa na Europa foi a exagerada importância que ela dava à ideia do ser humano em geral (...) [O ser humano era] uma criatura insignificante quando vista como parte da vastidão do cosmos, se comparado a ela e às incontroláveis forças da natureza" (Staudenmaier 1995, 4-5). Staudenmaier (1995, 5) acerta ao afirmar: "A mistura de fanatismo etnocêntrico, rejeição regressiva da modernidade e uma preocupação genuína com o meio ambiente provou ser uma combinação letal e extremamente poderosa." Ele também cita o ensaio de Ludwig Klages, *Man and Earth* (*O Homem e a Terra*, em tradução livre), de 1913, que "previu praticamente todos os temas recorrentes no movimento ecológico contemporâneo". O texto admoestava contra a extinção acelerada das espécies, a interferência no equilíbrio do ecossistema global, o desmatamento, a destruição dos povos indígenas e dos *habitats* selvagens, o crescimento das áreas urbanas e o distanciamento cada vez maior das pessoas da natureza (Staudenmaier 1995, 6-7). A intenção da obra de Klages era denunciar "não apenas o hiperracionalismo ou a razão instrumental, mas o pensamento racional em si" e que ele "serve de justificativa para o autoritarismo mais brutal". Considero bastante simbólico que: "Em 1980, *Man and Earth* foi republicado como um tratado seminal e altamente respeitado para acompanhar o nascimento do Movimento Verde na Alemanha" (Staudenmaier 1995, p. 7).

Na década de 1930, quando muitos autores (e políticos) rejeitavam a visão antropocêntrica em geral, foi feita a versão preliminar de "uma lei universal do Reich para a Proteção da Mãe Terra" (...), "de modo a pôr fim à perda incessante da base insubstituível de toda a vida" (Staudenmaier, 1995, 15). Ao fim de seu ensaio, Staudenmaier (1995, 9) conclui: "A 'religião da natureza' do Partido Social-Nacionalista (...) era uma mistura volátil de um misticismo teutônico primitivo da natureza, ecologia pseudocientífica, anti-humanismo irracional e uma mitologia de salvação racial por meio de um retorno à terra."

Janet Biehl (1995, 1-43) mostra de modo contundente o efeito dessa atitude no presente em seu ensaio *Ecology and the Modernization of Fascism in the German Ultra-Right* (*Ecologia e a Modernização do Fascismo na Ultradireita Alemã*). De acordo com ela, a "nova" direita contemporânea na Alemanha está em busca de uma "alternativa 'ecológica' para a sociedade moderna" (Biehl 1995, 3), declarando abertamente que "a crise ecológica só é passível de solução se usarmos expedientes autoritários" (Biehl 1995, 22), que é necessário instituir um "'governo messiânico' elitista" e que também é necessária "um pouco de 'ecoditadura' (...), de modo a lidar com os problemas atuais" (Biehl, 1995, ibid). Meu objetivo não é fazer paralelos históricos a qualquer custo. Devemos, contudo, levar tais elementos em consideração, e por isso é crucial nos referirmos a eles.

Por todos esses motivos, considero o ambientalismo a ideologia de caráter populista e progressista mais significativa da nossa era, e ela merece ser alvo da atenção dos liberais. Não deveríamos travar batalhas inexistentes e antiquadas com inimigos que não são mais capazes de estimular a revolta das massas. Os ambientalistas de hoje, por outro lado, são capazes de fazer exatamente isso.

Neste livro, não lido com essa disputa ideológica definida em termos gerais, porque ela é travada em outras frentes, de outras maneiras, muito embora os defensores da liberdade humana não se façam ouvir como deveriam. Tudo o que desejo é salientar para o leitor algumas leis e teorias econômicas básicas e elementares que são, na maioria dos casos, completamente esquecidas por aqueles que defendem as ideologias ambientais. Contudo, acredito que elas sejam facilmente compreensíveis por todos nós, até mesmo intuitivamente, com base em nossas experiências corriqueiras. Apesar das minhas tentativas, não consigo saber ao certo se aqueles que ignoram tais leis e teorias o fazem de maneira consciente e deliberada ou se o fazem simplesmente devido à sua falta de familiaridade com tais princípios, já conhecidos há décadas, ou até mesmo há séculos.[3] Além disso, gostaria de apresentar algumas conclusões

---

3   Em novembro de 1986, mais de 24 anos atrás, houve um congresso com a presença de sociólogos, biólogos e economistas de diversas instituições da ČSAV (Academia de Ciências Tchecoeslovaca), em Kosova Hora. B. Moldán, J. Vavroušek, L. Petrusek, V. Mezřický, J. Musil e M. Illner estavam de um lado e V. Klaus, T. Ježek, D. Tříska e L. Mlčoch, do outro. Os procedimentos foram publicados diversas vezes,

mais técnicas dos recentes debates sobre o aquecimento global (ver Capítulo 6).

Um economista não questiona se determinadas mudanças ambientais irão ocorrer. A disciplina da Economia não oferece uma resposta a essa dúvida. As dúvidas que têm os economistas convergem para o seguinte: **até que ponto os diversos fatores econômicos neutralizam tais mudanças?** E, mais especificamente, como tais mudanças podem ser avaliadas, e que importância que devemos dar a elas? A contribuição que a Economia deseja e é capaz de fazer ao debate sobre o meio ambiente são as soluções para tais dúvidas.

Como enfatiza Dušan Tříska (2007, 6) em um texto ainda não publicado, *An Economic Analysis of Non-Economic Problems: The Case of Global Warming* (*Uma Análise Econômica de Problemas Não Econômicos: O Caso do Aquecimento Global*): "A economia (um sistema econômico) não é o único objeto de estudo da Ciência Econômica [como indica o próprio título do ensaio]. Os economistas estão constantemente investigando também outros sistemas sociais." Como "a Economia não é somente um fluxo anônimo (e impessoal) de tecnologias, bens e serviços, e sim também um sistema social de sujeitos que interagem entre si e têm diferentes motivações", ao estudá-la os economistas criaram "uma grande base metodológica" que permite até mesmo aos fenômenos, que aparentemente nada têm a ver com a Economia, tornarem-se objetos de sua pesquisa. A Economia não mede temperaturas, o nível de dióxido de carbono (CO_2) , a radiação solar, as reservas de petróleo submarinas e milhares de outras coisas do tipo, mas ela estuda o comportamento humano.

Não falarei aqui sobre o conceito geral da racionalidade do comportamento humano, muito embora ele seja relevante — recomendo, para isso, a obra *Ação Humana*, de Ludwig von Mises (1996) —, e nem falarei sobre a relação entre escassez e preços, a importância dos direitos de propriedade para qualquer tipo de comportamento humano (incluindo aí o comportamento relacionado ao meio ambiente), o problema das externalidades, o princípio do marginalismo etc., porque tais tópicos mereceriam uma análise mais extensa.

Só desejo, por enquanto, examinar alguns tópicos com uma maior riqueza de detalhes — as questões mais cruciais. Para começar, os economistas há tempos investigam com grande interesse o conceito de preferência temporal. Já tiveram objeções básicas à aplicação fundamentalista do princípio precaucio-

---

a mais recente pelo Centro Tcheco de Meio Ambiente, em 2003. Apresentei muitas das teorias básicas que aparecem neste livro já em 1986, em meu ensaio *Economia e a Ciência Econômica no Contexto dos Problemas Ecológicos – Vinte Teorias Básicas de Economistas*, e não vejo motivo para mudar ou revogá-las agora.

nário. Economistas lidam com a relação entre o nível de renda (e riqueza) e o comportamento humano. E também têm coisas importantes a dizer sobre os recursos e sua exaustão em relação ao progresso tecnológico. Nesse aspecto, os economistas são bem diferentes dos ecologistas e dos ambientalistas. Outra diferença básica é que os economistas, ao contrário dos ambientalistas, não geram movimentos de cunho político.

Capítulo 2

Os Recursos Naturais, Sua Exaustão e o Papel Indispensável dos Preços

O debate tem a ver com recursos • O Clube de Roma e a crítica de Julian Simon sobre o ponto de vista da exaustão de recursos deste *think tank* • Recursos não existem independentemente dos seres humanos e o preço define seu papel • A vida das pessoas sob o regime comunista salientou tal fato

No capítulo anterior, mencionei o quanto as prioridades e os ataques dos ambientalistas mudam de acordo com a época (muito embora eles sempre tenham mais "em estoque", caso as primeiras ou os últimos deixem de ser válidos). Mas, de modo geral, os chamados recursos — recursos naturais ou recursos não-renováveis — estão no centro desse debate. Inúmeras vezes fomos alertados de que os recursos naturais estão se exaurindo, que acabaram, que irão acabar num futuro próximo, e que não existem substitutos para eles, nem existirão.

Consequentemente, os ambientalistas propõem diversas formas de regulamentação. Anda bastante em voga a criação de impostos adicionais (ecológicos) que aumentam o preço de diversos recursos e, assim, reduzem seu consumo. Tal proposta baseia-se na hipótese de que alcançamos o progresso da civilização às custas da exaustão de recursos não renováveis e da degradação do meio ambiente. É por isso que as intervenções tributárias (de preço) e de regulamentação são consideradas apropriadas e inevitáveis. Mas eu não vejo a questão dessa maneira.

No começo da década de 1970, Donella H. Meadows e seus colegas

(1972) apresentaram as catastróficas previsões do *think tank* Clube de Roma no livro *Os Limites do Crescimento*. Tal obra influenciou de maneira negativa todo o debate em torno dessa questão. A reação do leitor, ao ler o livro no presente, é de achar graça — ou então irritar-se com o que lê. Concordo com Julian Simon (1996, 49) quando afirma: "Esse livro foi criticado por tantas pessoas, de maneira tão contundente, visto como uma obra que não tem nenhuma validade científica, que sequer vale a pena dedicar tempo ou espaço refutando cada detalhe." O próprio Clube de Roma finalmente fez uma declaração ao público, confirmando que as conclusões do livro não estavam corretas, mas "que [o Clube] propositalmente ludibriou o público de modo a 'despertar' a atenção do mesmo para o problema" (Simon 1996, 49). O fato de que ambientalistas admitem que tal incorreção não tem nenhuma importância é mais do que simbólico e deve ser levado em conta. E essa não é nem a primeira nem a última vez em que os defensores do meio ambiente usam métodos arbitrários (e enganosos) para alcançar seus objetivos.

A questão da exaustão de recursos é, de certo modo, a mais simples na discussão sobre o meio ambiente — questão que costuma ser discutida pelos seus críticos, mas que, infelizmente, ainda não é compreendida por aqueles que se alinham com os ambientalistas. A melhor descrição do assunto foi feita por Julian Simon, em sua excelente obra intitulada *The Ultimate Resource* (*O Último Recurso*, em tradução livre) (1981, edição revisada em 1996).

Em mais de 600 páginas (incluindo uma longa lista de referências a outras obras), o professor Simon demonstra, de maneira bastante convincente, que existe uma grande diferença entre recursos naturais e os recursos "econômicos" reais. Os recursos naturais existem na natureza e são, portanto, totalmente independentes dos seres humanos. A característica básica que os define é que são somente recursos "potenciais". Assim, não têm ligação direta com a economia existente (por exemplo, para os faraós do Egito, o petróleo certamente não era um recurso real e utilizável). Os recursos passíveis de utilização podem ou não ser utilizados, dependendo dos preços e da tecnologia existente.

Em comparação, um recurso "econômico" é um recurso usado pelos seres humanos. Peter H. Aranson (1998) indaga quando as ondas do mar irão se tornar um recurso econômico e responde que isso irá acontecer no exato momento "em que serão inventadas as tecnologias capazes de utilizá-las". Sua conclusão é inequívoca: "os depósitos de recursos estão aumentando juntamente com o volume de conhecimento." Não é uma variável estática.

Os "recursos em potencial" de Simon são transformados em recursos econômicos somente através de um "recurso definitivo" (isso explica o título de seu livro, *The Ultimate Resource*), que nada mais é do que a raça humana, suas invenções e esforços. Somente o "recurso humano" e sua habilidade única de transformar recursos em potencial em **recursos reais** pode, a longo prazo, transformar-se num recurso escasso, talvez limitando o futuro da raça humana. Esse recurso humano precisa ter liberdade para agir livremente. Ele também deve estar livre das amarras dos ambientalistas — ou até mesmo pairar acima deles. E, de fato, tal recurso não precisa de nada mais do que a liberdade.

O fato de que não existe uma exaustão de recursos ocorrendo no presente foi muito bem documentado em outra obra de Julian Simon chamada *The State of Humanity* (*O Estado de Humanidade*, em tradução livre) (Simon, 1995). Nela, o autor salienta especificamente a natureza estática do conceito de recursos, como defendida pelos ambientalistas. Na realidade, não existe nada semelhante a um recurso *per se*, porque um recurso é sempre uma função entre preço e tecnologia. Seguindo os passos do próprio Simon, um de seus discípulos mais renomados, Indur M. Goklany, escreveu uma obra bastante extensa intitulada *The Improving State of the World* (*O Estado Melhorando no Mundo*, em tradução livre) (Goklany, 2007), repleta de dados sobre o assunto. Goklany começa seu arrazoado salientando que os preços cada vez menores dos recursos provam que não há exaustão e nem escassez. Ele demonstra que "apesar das flutuações de curto prazo, o comportamento de longo prazo dos preços de praticamente todos os bens utilizados no presente, nos últimos dois séculos, foi descendente, não somente em termos de dólares 'reais', ajustados pela inflação, como também (e de modo ainda mais crucial) em termos da quantidade de esforço necessário de um indivíduo médio para obter ou comprar uma determinada quantidade desse bem" (Goklany, 2007, 99).

É evidente que a exaustão de recursos não se dá como um fenômeno de larga escala. De modo bastante inteligente, Goklany (2007, 98) parafraseia Bjørn Lomborg: "A idade da pedra não chegou ao fim porque não tínhamos mais pedras, a idade do ferro não chegou ao fim porque não havia mais ferro, e nem a era do bronze chegou ao fim porque não havia mais bronze"; chegaram ao fim simplesmente porque o "recurso definitivo" de

> Talvez o petróleo venha a acabar em algum momento no futuro, mas quando isso acontecer, será apenas uma nota de rodapé na história, assim como o fim do óleo de baleia para nós no presente.
>
> Indur M. Goklany (2007, 100)
> Climatologista americano

> Uma das características
> que definem a religião
> é que os fatos são
> irrelevantes para a crença.
>
> Michael Crichton (2003)
> Consagrado escritor de ficção

Simon (ou seja, os seres humanos) **inventou algo novo**, **algo melhor**.

O intencional pendor para catástrofes no modo de pensar dos ambientalistas é sintomático. Paul Ehrlich, aclamado desde as décadas de 1960 e 1970 por seus livros, tais como *The Population Bomb* (*A Bomba Populacional*, em tradução livre) e *How to Be a Survivor: A Plan to Save Spaceship Earth* (*Como ser um sobrevivente: um plano para salvar a espaçonave Terra*, em tradução livre), escreveu, em 1970: "Se eu fosse fazer uma aposta, apostaria que a Inglaterra não irá mais existir no ano 2000" (como citado em Simon, 1996, 35). Embora sua declaração pareça quase absurda, Ehrlich não é, mesmo hoje em dia, uma pessoa de pouca relevância. Ele é professor emérito na Stanford University e publicou dezenas de livros. O professor Simon resolveu interpretá-lo literalmente e, em 1980, os dois fizeram uma aposta, mas não sobre a Inglaterra. Em vez disso, apostaram se os recursos naturais ficariam mais ou menos escassos nos próximos dez anos (mais especificamente, se seus preços iriam aumentar ou diminuir). E concordaram em basear a aposta em cinco metais (cromo, cobre, níquel, estanho e tungstênio) e escolheram em que período da década isso aconteceria. Ehrlich apostou que os preços dos metais subiriam e Simon, que eles cairiam. A vitória de Simon foi **total**. Não apenas a soma total dos preços desses cinco metais diminuiu como também o preço de cada um, individualmente. Como economista, devo dizer que Simon teria ganhado mesmo se os preços dos diferentes metais tivessem sido ajustados de acordo com a inflação.

Mas não existem argumentos capazes de convencer o professor Ehrlich. Em seu livro anterior, *The Population Bomb* (1968), ele escreveu que "na década de 1970, o mundo vai passar por grande escassez de comida — centenas de milhões de pessoas irão morrer de fome". No começo do século XXI, ele atacou Lomborg e seu *Skeptical Environmentalist* (*O Ambientalista Cético*, em tradução livre) com igual fervor.

As catastróficas previsões dos ambientalistas nada mais são do que uma negação, ou pelo menos um desprezo totalmente inaceitável, do elo intermediário de Simon entre a potencialidade dos recursos naturais e a realidade dos recursos economicamente utilizáveis. É uma visão totalmente estática, talvez até mesmo estagnada. Algumas das variáveis são mantidas praticamente fixas, e ao mesmo tempo supõem uma evolução radical (geralmente exponencial) para outras. A "catástrofe" seria, portanto, bastante lógica e inevitável, mas ela foi claramente criada de modo artificial, de acordo com uma combinação bastante estranha de pressupostos: suposições pessimistas relativas a um grupo de variáveis em combinação com suposições a respeito do rápido crescimento de outras.

Aqueles modelos ambientalistas do Clube de Roma, do início da década de 1970, baseavam-se nesse tipo de raciocínio (vide a minha própria polêmica com os modelos de Forrester escritos no fim da década e o famoso ensaio de William Nordhaus do mesmo período). Afinal, toda a teoria de Malthus (assim como suas previsões catastróficas) foi deduzida da diferença entre o crescimento aritmético e geométrico de duas variáveis — a produção agrícola e a população total — de aproximadamente 200 anos atrás. E ainda é a mesma. A lógica não mudou.

Além disso, os ambientalistas geralmente não confiam nos seres humanos e na liberdade de que desfrutam (exceto na liberdade de que eles mesmos desfrutam). A base de seu raciocínio estatista e pouco liberal é a descrença malthusiana no ser humano (e em seu progresso tecnológico) e também a fé que depositam em si mesmos e em suas próprias capacidades. É a arrogância fatal de algumas pessoas, tão bem descritas por Friedrich A. Hayek (1945), e a prepotência fatal que está associada a esse tipo de pensamento. Não me recordo de nenhuma declaração de Hayek a respeito do ambientalismo, mas a substância é a mesma.

A ligação entre o malthusianismo e o ambientalismo também foi muito bem descrita por Mojmír Hampl (2004) em sua monografia *Exhaustion of Resources: A Perfectly Salable Myth* (*A Exaustão dos Recursos: Mito Perfeitamente Vendável*, em tradução livre). Suas declarações — tais como "o homem está criando fontes [de recursos]", ou seja, que elas não existem na natureza, e "a essência de sua existência é o crescimento do conhecimento humano, que desconhece limites naturais" (Hampl, 2004, 58) — devem ser o ponto de partida para qualquer discussão séria sobre o assunto. Paralelamente, devo aqui recordar uma tese crucial (mas bastante comum para os economistas) a qual afirma que, graças ao aumento nos preços, como resultado da escassez cada vez maior de recursos, os recursos que estão "desaparecendo" estão sendo "substituídos de maneira constante e uniforme por outros recursos, ou então estão sendo consumidos de maneira mais frugal" (Hampl, 2004, 58).

Para um economista, tais considerações são simplesmente fundamentais. Já dissemos que não existem recursos assim. Não existem recursos independentes dos seres humanos, e nenhuma "necessidade" de recursos poderia ser definida sem preços. Cada recurso tem seu próprio preço, a não ser que o sistema social abandone o sistema de preços, que foi o que o comunismo conseguiu fazer, em parte. Graças a um preço específico, surge uma determinada oferta de recursos (o preço é o que motiva as pessoas a oferecerem os recursos). Do mesmo modo, é graças ao preço que surge certa demanda por um determinado bem. Quando o preço está baixo, a demanda está alta e a oferta está baixa; quando o preço está alto, o contrário ocorre. Esse é um conceito também bastante básico, mas infelizmente acho que os ambientalistas não o compreendem com clareza.

Eles não sabem que os preços refletem uma escassez real (não uma escassez fictícia) de bens diferentes (recursos ou bens de consumo) — ou seja, daqueles bens que estão de fato escassos — melhor do que qualquer outro elemento (e melhor do que as especulações dos ambientalistas). **Sem a escassez, não haveria preço!** Talvez eles também não saibam que à medida que o recurso torna-se cada vez mais escasso (à medida que ele se "exaure", para usar sua terminologia), o preço aumenta até o ponto em que a demanda cai até basicamente tornar-se nula. Assim, os recursos são, em termos econômicos, paradoxalmente inexauríveis. Sendo assim, o preço representa o parâmetro crucial, e a própria existência de um sistema de preços atuante é um pré-requisito crucial para o desenvolvimento saudável e inadulterado da raça humana (e também da natureza).

Aqueles que não viveram sob o comunismo, quando os preços foram totalmente suprimidos, talvez não compreendam isso. Talvez seja este o caso do professor Ehrlich e de Al Gore. Mas os ambientalistas tchecos deveriam saber disso. Peço a eles que não comecem a falar sobre externalidade, a nos dizer que existem externalidades. Sabemos que elas existem, e a economia, como disciplina científica, lida com elas de maneira sistemática e constante. No entanto, o mundo não está dominado pelas externalidades. Elas representam somente uma fração do espaço dominado pelas interações interpessoais. São um fenômeno complementar, não fundamental. O "fundamento" está nas "internalidades" (por mais obscura que a palavra possa parecer).

A maioria dos economistas raciocina (de maneira bastante complexa) com base em um sistema composto por duas categorias principais: preços (P) e quantidade (Q). De acordo com eles, esses dois fatores afetam de maneira essencial o comportamento humano. É por isso que distinguem os efeitos-P (as consequências da mudança de preços) e os efeitos-Q (as consequências da mudança de renda, produto e riqueza, que são discutidas no capítulo a seguir). Quando o assunto são os recursos e sua "exaustão", assim como a velocidade com que eles são exauridos, o efeito-P é de crucial importância.

Capítulo 3

O Efeito da Riqueza
e do Progresso Tecnológico

A importância da riqueza para solucionar os problemas que enfrentamos pode
ser percebida ao examinar o passado • Os efeitos do clima sobre a riqueza serão
desprezíveis • A natureza do risco • As mudanças tecnológicas terão efeito mais
duradouro do que as climáticas • A melhor defesa dos países em desenvolvimento contra
os riscos climáticos é seu próprio desenvolvimento • Não levar em conta o progresso
tecnológico e a riqueza leva a previsão exagerada dos efeitos das mudanças climáticas •
A curva ambiental de Kuznets e o papel da percepção na transição ambiental

Se pensarmos no futuro e nos problemas que podem surgir (incluindo os ambientais) através dos olhos de um economista, será preciso mencionar o efeito da renda (ou da riqueza), de um lado, e o efeito do progresso tecnológico, do outro. Também precisaremos recorrer à incrível capacidade humana de se adaptar a eventos e circunstâncias inesperados.

Talvez não seja necessário defender longamente o fato de que a renda e a riqueza das pessoas irão aumentar radicalmente e que, consequentemente, o comportamento e a estrutura da demanda por bens materiais e não materiais também irão mudar. E isso sem mencionar o imenso progresso tecnológico que ainda presenciaremos.[1] Todos nós sabemos intuitivamente que isso é verdade, mas nem todos tiramos as mesmas conclusões.

---

1   Os economistas consideram o aumento da renda e o consequente crescimento de riqueza como os fatores cruciais para a chamada função de consumo, principalmente a longo prazo. Ver, por exemplo, a teoria de renda permanente de Friedman (1957).

> Teddy Roosevelt, uma grande personalidade defensora do meio ambiente em 1900, não conhecia as seguintes palavras:
>
> | | |
> |---|---|
> | aeroporto | massagista |
> | antena | microondas |
> | antibiótico | nêutron |
> | bomba atômica | energia |
> | nuclear | penicilina |
> | computador | rádio |
> | DVD | robô |
> | ecossistema | vídeo |
> | gene | vírus |
> | Internet | tsunami |
> | laser | |
>
> Adaptado de Michael Crichton (2003)

Em seu *Costs and Benefits of Greenhouse Gas Reduction* (*Custos e Benefícios da Redução dos Gases do Efeito Estufa*, em tradução livre) (1996), Thomas C. Schelling, economista ganhador do prêmio Nobel, reflete sobre como seria o mundo dali a 75 anos. Para dar uma ideia do que o futuro poderia trazer, ele teve a ideia de refletir sobre os últimos 75 anos, até 1920. O interessante, afirma ele, é que em 1920 — quando estradas asfaltadas eram minoria nos EUA —, a lama era o maior problema ambiental relacionado ao clima. Nada mais do que lama. Acrescenta Schelling: "Talvez nenhum de nós imaginasse, em 1920, que em 1995 a maioria das estradas do país já estaria asfaltada." Essa conclusão não é, de modo algum, um raciocínio trivial ou barato. Estou convencido de que ela, como conceito, pode ser aplicada a todo o problema ambiental.

Como estará o mundo daqui a 100 anos, supondo-se que haverá o crescimento econômico já previsto? Não sabemos, mas é certo que estaremos a quilômetros de distância do ponto onde nos encontramos hoje. Muitas "estradas serão asfaltadas". Assim, é um erro fatal basear nosso modo de pensar sobre a situação daqui a 100 anos com base no conhecimento das tecnologias e da riqueza do presente!

Uma conclusão do debate sobre a provável riqueza da sociedade futura — **que é, sem dúvida, quase inimaginável para nós, hoje em dia** — parece bem fácil e óbvia: existem certas coisas essenciais que não deveríamos tentar solucionar falando em nome das gerações vindouras. Obviamente, não fomos os primeiros a ter de enfrentar essa decisão. Inúmeras gerações de nossos ancestrais estiveram na mesma situação antes de nós, e não podemos condená-los com base no conhecimento disponível somente nos dias de hoje. Será que alguém realmente acredita que nossos ancestrais na Anatólia deveriam ter protegido toda a vegetação local para que bodes não pastassem nela? Será que nossos ancestrais deveriam ter pensado em nós o tempo todo? E será que poderiam mesmo pensar em nós? Será que seriam sequer capazes de imaginar o mundo como ele é no presente?

O famoso relatório *Stern Review on the Economics of Climate Change* (*Relatório Stern sobre a Economia das Mudanças Climáticas*, em tradução livre) (Stern, 2006), preparado para Tony Blair, é bastante pessimista quanto ao futuro. Ele prevê que nos próximos dois séculos o consumo *per capita* no mundo como um todo irá ter um aumento anual de 1,3%, em média. É um número que não parece muito alto para um leigo mas, mesmo com essa taxa aparentemente modesta de crescimento, o consumo anual *per capita*, que atualmente é de cerca de US$ 7.600, aumentaria para US$ 94.000 em 2200! A estimativa de 1,3% não é minha, e sim dos ambientalistas — que estão prevendo catástrofes —, ou, para ser mais preciso, é a estimativa de um de seus importantes porta-vozes.

Uma objeção pertinente, é claro, é se esse crescimento será interrompido por motivos ecológicos — por fatores climáticos, por exemplo. Aplicando métodos bastante complexos, diversos economistas vêm tentando fazer uma estimativa do possível efeito das mudanças climáticas (associadas aos gases do efeito estufa) sobre o crescimento do Produto Interno Bruto (PIB) mundial. Um estudo desse tipo, bastante conhecido e frequentemente citado, foi o de Alan S. Manne (1996), intitulado *Costs and Benefits of Alternative CO_2 Reduction* (Custos e Benefícios da Alternativa de Redução do CO_2, em tradução livre), o qual provava que nada muito diferente do previsto irá ocorrer se ignorarmos as mudanças climáticas. Se atribuirmos o valor de 100 para o PIB em 1990 — de acordo com o cálculo de Manne —, o PIB mundial irá se aproximar de 1.000 em 2100. Hipóteses diferentes — principalmente a respeito da noção de desconto (ver capítulo 4) — alterariam as estimativas em apenas 1%, aproximadamente! Manne argumenta que a diferença é a mesma que decidir desenhar a curva do crescimento do PIB no gráfico com um lápis Nº 2 em vez de um lápis Nº 4. As mudanças causadas pelo clima serão dessa ínfima magnitude!

Uma pequena fração de 1% do PIB mundial não é, obviamente, uma soma desprezível de dinheiro, mas o impacto é menor do que o possível efeito de dezenas de outros fatores econômicos globais. Um estudo mais recente, de autoria de Robert Mendelsohn e Larry Williams (2004), confirma esses cálculos. Mendelsohn e Williams estimam que a influência do aquecimento global no PIB em 2100 será de 0,1%. Suas estimativas baseiam-se tanto nos efeitos positivos quanto negativos do aquecimento global. Mendelsohn (2006–2007, 44) conclui, de maneira bastante clara: "Não será possível distinguir de zero os danos resultantes de temperaturas mais altas nos próximos 50 anos." Só mais tarde será possível encontrar um efeito mensurável.

De qualquer modo, a sociedade no futuro será obviamente bem mais rica do que é hoje em dia. Além disso, muitas das coisas que conhecemos hoje em dia não irão mais existir e, do mesmo modo, muitas coisas ainda não conhecidas, das quais sequer suspeitamos, irão surgir. Em outras palavras, o progresso tecnológico irá fazer uma grande diferença. Meu filho mais velho me deu uma analogia bastante precisa para esse debate. Se concluirmos, com base em cálculos de probabilidade sensatos, mas completamente estáticos, que existe o risco de que a cada 30 anos, mais ou menos, um curto circuito em nossa TV possa causar um incêndio no nosso apartamento, de que modo isso deve influenciar nosso comportamento no presente em relação ao futuro? Será que devemos jogar fora o "perigoso" aparelho de TV ou simplesmente ignorar o risco. Uma possível solução seria reconhecer nossa aversão a riscos e calcular a avaliação de riscos possíveis (com base no cálculo de probabilidades anteriormente mencionado). Também precisamos perceber que é praticamente impossível dar como certo que o aparelho de TV como o conhecemos nos dias de hoje existirá daqui a 30 anos. E é por isso que os cálculos de probabilidade feitos hoje em dia não têm quase nenhuma relevância para o futuro. Só são relevantes para o presente.

A questão do progresso técnico é totalmente crucial. Schelling (2002a), ao escrever sobre o efeito estufa, presenteou-nos com o seguinte raciocínio, bastante básico: "Pergunte a um casal de 75 anos de idade que mora na mesma fazenda onde nasceram se a mudança climática estaria entre as mudanças que mais afetaram drasticamente tanto o modo como cultivam a terra como seu estilo de vida. É bem provável que a resposta seja negativa. A mudança do uso de cavalos para tratores e de querosene para eletricidade é bem mais relevante. Faria sentido supor que tais coisas não irão acontecer também no futuro? Ou que a dinâmica do progresso tecnológico não será ainda mais radical do que é nos dias de hoje? Os defensores de outro conceito que está na moda, do qual discordo completamente — "**a economia do conhecimento**" — seriam os primeiros a dizer, em voz alta, que o progresso tecnológico sem dúvida irá ocorrer numa velocidade ainda maior do que a atual, independentemente da mudança climática.

A estrutura econômica de cada país também passa por enormes mudanças. Há cem anos, era muito maior a fração das atividades econômicas realizadas ao ar livre. Hoje em dia, a agricultura e a silvicultura não totalizam mais do que 3% do Produto Interno Bruto (PIB) nos países desenvolvidos. Existem outros setores que não tendem a sofrer de maneira significativa com a mudança climática. Assim, como afirma o professor Schelling (2002a): "Mesmo se a produção agrícola diminuísse em um terço nos próximos 50 anos, ainda alcançaríamos em 2051 o PIB *per capita* que teríamos alcançado por volta de 2050." Só esse argumento já deveria servir para encerrar a questão. O crescimento da população tem efeito parecido. Schelling (2002a) afirma que "se a China tiver um crescimento populacional próximo de zero nas duas próximas gerações, ela poderá fazer pela atmosfera terrestre tanto quanto um heróico programa anticarbono, juntamente com um crescimento populacional anual de 2%." E aqui está mais outro bom argumento: vamos, assim, distinguir — entre outras coisas — a **influência dos seres humanos na mudança climática** do **efeito de uma população em crescimento sobre a mudança climática**. São dois conceitos completamente diferentes.

> Até o nível de 2°C, as simulações, como apresentadas, sugerem um custo líquido com a mudança climática igual a zero, ou até mesmo negativo (...). Essa posição pode ser tranquilamente descrita como a posição de consenso em toda a literatura econômica.
>
> Ian Byatt, Ian Castles, Indur M. Goklany, David Henderson, Nigel Lawson, Ross McKitrick, Julian Morris, Alan Peacock, Colin Robinson e Robert Skidelsky (2006, 203)

Seria possível continuar seguindo tal raciocínio porque o número de fatores que influenciam a realidade ao nosso redor é quase infinito. Schelling (2002a, 2) explica isso de maneira bastante clara: os países em desenvolvimento não deveriam fazer sacrifícios porque "sua melhor defesa contra a mudança climática será o seu próprio e contínuo desenvolvimento".

Mas, em nome de um futuro ameaçado, os defensores das abordagens ambientalistas desejam diminuir radicalmente o consumo no presente — não apenas o deles próprios, como também o de pessoas de países muito mais pobres — de modo a auxiliar as gerações futuras, de países muito mais ricos e num nível de progresso tecnológico diferente. Será que realmente acreditam que uma redução de 15% no consumo em 2007 tem o mesmo efeito na vida humana quanto a mesma redução, em termos relativos, em 2200? É completamente absurdo acalentar tais expectativas.

Mendelsohn (2006–2007) salienta a importância da capacidade de adaptação do ser humano e afirma que as projeções dos ambientalistas não a levam em conta. Na opinião de Mendelsohn (2006–2007, 44), o fato de os ambientalistas omitirem esse fato leva a uma estimativa exagerada dos "prejuízos em mais de um grau de magnitude". É difícil medir o nosso poder de adaptação. Não existe um índice geral de adaptação porque ele ainda precisaria ser inventado. Nos debates sobre o aquecimento global, discutem-se o efeito estufa, os gases que causam o efeito estufa e principalmente o dióxido de carbono (CO_2). Se

Figura 3.1. Emissões de CO2 em Função do Tempo

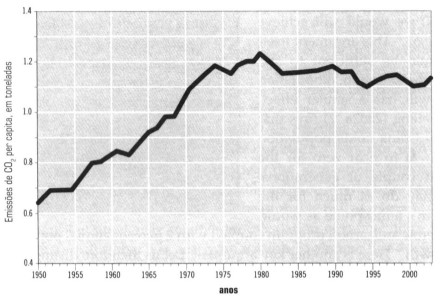

Fonte: McKitrick et al., 2007, 11

considerarmos como verdadeira a hipótese de que o crescimento econômico (principalmente o crescimento industrial) leva a uma maior emissão de CO_2, teríamos de acreditar que o crescimento industrial irrestrito, o qual sem dúvida ocorre no mundo inteiro, leva a um aumento permanente nas emissões de CO_2. Contudo, ao observar as emissões de CO_2 *per capita* em função do tempo, vemos que isso não ocorre (ver figura 3.1).

Na Figura 3.1, vemos que as emissões de CO_2 *per capita* aumentaram somente até 1979 (quando chegaram ao valor de 1, 23 toneladas) e que desde então elas estão diminuindo. O último valor conhecido, de 2003, é de 1,14 toneladas. Considero isso um ótimo exemplo da capacidade de adaptação do ser humano.

Vamos acrescentar mais um aspecto do "efeito de renda" a esse argumento: a ideia de tentar encontrar uma relação entre a riqueza (e renda), de um lado, e a proteção do meio ambiente, do outro. Os defensores do meio ambiente partem do pressuposto completamente equivocado de que o crescimento econômico ou a acumulação de riqueza (e progresso tecnológico) leva à deterioração do meio ambiente. Os economistas também têm algo a dizer sobre o assunto.

Eles se baseiam na chamada curva de Kuznets, concebida como resultado de

Figura 3.2. Relação entre qualidade do meio ambiente e nível de renda

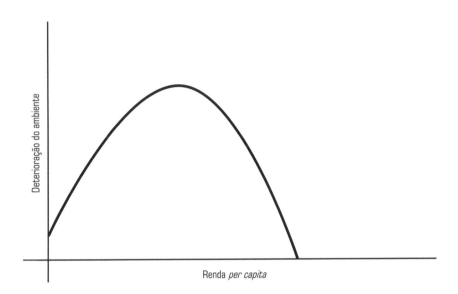

uma pesquisa empírica pioneira, realizada por Simon Kuznets (que ganhou o prêmio Nobel de Economia em 1971). Kuznets provou que existe uma relação bastante sólida entre o tamanho da renda e a desigualdade de renda. O gráfico, semelhante a um "U" de cabeça para baixo, mostra que, quando as rendas estão baixas mas em ascensão, a desigualdade também aumenta. Mas, depois de chegar num determinado ponto crítico, a desigualdade de renda começa a diminuir. Essa pesquisa foi inspirada pela busca (e descoberta) de outras curvas em "U", até mesmo sem relação com a desigualdade de renda. E, entre elas, estão as curvas em "U" sobre o meio ambiente.

Em 1991, Gene M. Grossman e Alan B. Krueger notaram que existe uma relação em "U" invertido entre a qualidade do meio ambiente e o nível de renda (ou seja, de riqueza). Depois de analisar dados de 42 países, eles até mesmo calcularam que o ponto crítico ocorre quando o PIB chega em torno de US$ 6.700 e US$ 8.400 *per capita*. Essa curva hipotética é mostrada na Figura 3.2.

Se esta curva se aplica à economia real, podemos então chegar a uma incrível conclusão: o crescimento econômico (o aumento na riqueza) é, em última análise, proveitoso para o meio ambiente.

Desde a publicação do ensaio de Grossman e Krueger (1991), surgiram di-

Figura 3.3 Transição Ambiental

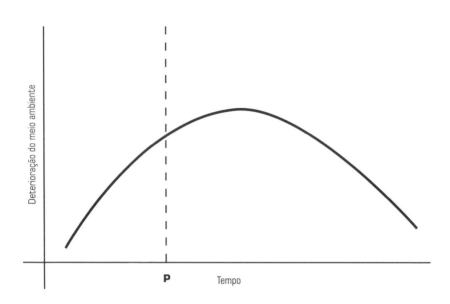

versas estimativas empíricas do formato dessa curva, com base em dados cada vez mais recentes. Tais estimativas são discutidas, por exemplo, no artigo de Jeremy Brown intitulado *Travelling the Environmental Kuznets Curve* (*Viajando pela Curva Ambiental de Kuznets*, em tradução livre) (2005). Os defensores do meio ambiente teriam de provar o contrário, o que é, pelo menos na superfície, impossível. No entanto, o mais importante, aqui, é o fato de que eles não costumam prestar muita atenção a detalhes como análises minuciosas de dados. O contrário do que fazem os economistas.

Indur M. Goklany (2007) tenta generalizar a hipótese da curva ambiental de Kuznets quando fala sobre "a transição ambiental". Sua curva tem formato similar, mas ele escolhe uma variável mais geral para o eixo x (ver figura 3.3).

Em vez de renda *per capita*, Goklany utiliza uma variável de tempo (a qual substitui a riqueza e os avanços tecnológicos). Eu até mesmo acrescentaria a noção de adaptação de Mendelsohn como variável, mas não faria nenhuma diferença. A ideia de Goklany não é ruim — também é possível examinar essa relação — mas fica evidente uma diferença entre as duas: a influência do progresso tecnológico e da capacidade de adaptação do ser humano, que não são diretamente mensuráveis de outro modo. Contudo, Goklany (2007, 106) supõe que "a curva de Kuznets deixa metade da história de fora" porque ela se concentra somente na influência da renda (riqueza).

Ele acrescenta um momento P ao gráfico (sendo que P se refere à "percepção"), o momento em que as pessoas reconhecem os problemas ambientais, e argumenta que "antes de P não devemos esperar atos conscientes para reduzir o impacto ambiental" (Goklany 2007, 107). Além disso, ele acrescenta outra condição: "a existência de um mecanismo relativamente eficaz para interpretar os desejos do público por melhor qualidade de vida e transformá-los nas intervenções estatais necessárias" (Goklany 2007, 187). Ele, portanto, acredita que o processo de **"transição ambiental"** não precisa ocorrer de maneira idêntica em todos os países. Nós, tchecos, já estamos familiarizados com esses mecanismos por causa da era comunista.

As variáveis podem ser redefinidas de diversas maneiras, mas o formato da curva em "U" invertido continua o mesmo. E é o formato dessa curva que é a principal razão para o nosso otimismo. A conclusão é óbvia: em vez de causar os problemas ambientais, a riqueza e o progresso tecnológico solucionam tais problemas. A capacidade de adaptação do ser humano é mais uma fonte de esperança para nós.

Capítulo 4

As Taxas de Desconto
e a Preferência Temporal

A importância de comparações entre diferentes gerações • Como os economistas abordam a questão • Como funcionam as taxas de desconto • A natureza subjetiva do valor • Críticas aos métodos de desconto da *Stern Review* • A *Stern Review* subestima os custos de suavizar o aquecimento global por um fator de três

Deixemos de lado por alguns instantes a questão de que tipo de mudanças ambientais (ou talvez exclusivamente climáticas) irá ou poderá ocorrer no futuro, e vamos agora nos concentrar em investigar se é **possível avaliar** tais mudanças em potencial, ou quaisquer outras mudanças. Essa é a pergunta central das ciências sociais. E, nesse contexto, está a abordagem econômica da questão. É quase desnecessário dizer que, quanto maior for o período que estivermos analisando, mais difícil e menos confiável será nossa avaliação. O motivo por trás dessa complexidade e incerteza não é "a instabilidade do nosso sistema de valores, e sim o contexto de nossa avaliação, que passa por mudanças graduais", como argumenta, de modo bastante convincente, Dušan Tříska (2007, 3). Esta distinção é extremamente importante — dizer **"sim"** para a hipótese da estabilidade do nosso sistema de valores, mas **"não"** para a estagnação do contexto que estamos avaliando. Essas duas hipóteses são os únicos pontos iniciais possíveis para qualquer análise intertemporal que se queira racional. Sem elas, não chegaríamos a lugar algum.

Tříska (2007) baseia-se no pressuposto central subjacente a toda economia científica: "a hipótese da estabilidade das preferências humanas". Somente esta hipótese permite "comparações intertemporais das preferências" ou, em linguagem mais simples, "comparações entre gerações diferentes" (Tříska 2007, 103). Com base nesse pressuposto, Tříska exige que todos "cujo objetivo atual seja proteger as gerações vindouras do aquecimento global declarem abertamente o que desejam fazer a respeito dessa relação entre gerações" (ibid.). Em outras palavras, ele quer que os ambientalistas deixem claro o modo como veem o futuro e qual o peso e a importância que dão a ele. A grande maioria das pessoas não declara seus pressupostos de maneira tão explícita. Outras — e esta é a abordagem dos ambientalistas — supõem que, por mais distante que esteja o futuro, ele é tão importante quanto o presente.

Como poderíamos fazer tais comparações entre gerações? Como poderíamos avaliar US$ 1 milhão hoje em dia em comparação com o mesmo valor no futuro? Como podemos comparar 1°C nos dias de hoje com a mesma medida daqui a 100 anos? Como podemos avaliar o aumento do nível do mar em 50 anos? Como podemos avaliar as reservas de petróleo? E assim por diante, indefinidamente. **Será que temos ferramentas à nossa disposição para nos auxiliar?** Um economista responderia que "sim". Um economista sabe que US$ 1 milhão hoje e US$ 1 milhão em 100 anos são duas coisas completamente diferentes. O economista, portanto, tenta explicar qual é essa diferença. Essa dúvida bastante sutil é discutida em Economia ao se usar o termo **"desconto"**.

Como diz um famoso provérbio: "Mais vale um pássaro na mão do que dois voando." Precisamos comparar um pássaro que está mais perto e um que está mais longe — não somente no espaço, mas também no tempo. Para casa pessoa que apresenta comportamento racional (embora talvez não para os ambientalistas), uma nota de US$ 5 é melhor, tem mais valor e pode ter efeito maior do que a mesma nota num futuro distante e, no caso dos debates sobre o meio ambiente, até mesmo num futuro imprevisível. O argumento, é claro, não se atém somente a uma nota de US$ 5. Todas as rendas e gastos futuros tendem a ter, para cada indivíduo, uma importância menor do que as rendas e gastos presentes. Somente essa importância conta para os seres humanos, porque não existe nenhum outro método de arbitragem — e nem pode existir. Não existe um árbitro ou juiz chamado "conhecimento geral" ou "bom senso", nenhuma entidade que não esteja atrelada ao tempo. E, acima de tudo, não existe um árbitro ou observador externo, não existe um Deus, e nenhum ambientalista pode fingir que recebeu do Criador tais poderes sobrenaturais.

Em princípio, temos dois problemas conceitualmente diferentes. Um deles é a nossa própria avaliação de diversas coisas no tempo que temos à nossa disposição. A parte problemática não é que poderíamos mudar loucamente de opinião ou de atitude (muito embora tais mudanças também ocorram, para o bem ou para o mal), e sim — como já mencionamos — que o **contexto da avaliação muda com o tempo**. Tal mudança de contexto pode ser, e costuma ser, de fundamental importância. Dois contextos de grande importância — a riqueza e o nível do progresso tecnológico — foram discutidos no capítulo 3.

O segundo problema surge quando as consequências de nossa ação ou inação (ou quaisquer outras consequências) afetam outras pessoas, e não nós. A Economia criou uma série de instrumentos para as mais diversas situações, mas ela não possui uma ferramenta de uso imediato para comparações interpessoais e intergeneracionais de utilidade e preferência, assim como as outras ciências sociais. A utilidade, como percebida por diferentes sujeitos, não pode ser comparada, e quaisquer acréscimos só podem ser feitos por meio da apreciação que surge num mercado totalmente impessoal. Mais uma vez, voltamos à ideia de desconto e à questão de quais são as taxas de desconto e juros geradas pelo mercado.

Em um famoso e importantíssimo artigo intitulado *The Use of Knowledge in Society* (*O Uso do Conhecimento na Sociedade*), Friedrich Hayek (1945) demonstrou, de maneira bastante convincente, que não é possível fazer comparações interpessoais (comparações de utilidade entre indivíduos), e que só podemos chegar a informações relevantes a partir do valor que surge no mercado durante uma troca real de bens e serviços. Aqui, devo acrescentar que o construto artificial da venda de concessão de emissões, atividade atualmente em voga na União Europeia (UE), somente confirma as advertências de Hayek. Ela nos traz novamente ao famoso modelo de Lange-Lerner, utilizado pelos socialistas para defender a possibilidade do funcionamento de uma economia sem mercado e comunista (embora eles digam socialista) na década de 1930. Hayek rejeitou completamente o modelo. O preço não pode, de modo algum, ser calculado ou estimado "cientificamente". E nunca devemos nos esquecer disso.[1]

Em ambos os casos, a Economia não avançou (e não tem como avançar) além do conceito de desconto, e este é um fator que está longe de ter pouca importância. Os economistas resolvem esse dilema quase metafísico com o próprio e importantíssimo conceito de desconto. Considerando a sociedade como

---

1   A diferença entre o mercado real e o artificial no contexto dos debates atuais sobre a mudança climática é muito bem descrita, por exemplo, por Roger Helmer (2007).

um todo, eles falam de uma "taxa de desconto social", a qual não pode desviar em excesso da taxa de desconto do mercado (de longo prazo). Esse conceito não é nada novo. Eu mesmo escrevi sobre ele já em 1986. Além disso, a taxa de juros (e de desconto) acima de zero mostra que "o futuro parece algo menor se comparado ao presente", e que, consequentemente, "o futuro é menos importante que o presente" (Klaus 1986, 28).

Essa irrelevância relativa do futuro depende da taxa de preferência de hoje em relação a amanhã, ou a taxa de preferência do presente em relação ao futuro. **Seria tal ponto de vista irracional?** Seria isso uma postura deliberadamente míope — ignorância, portanto — que alguns de nós adotamos? Ou será que essa é a única percepção racional possível do mundo? Os objetos mais distantes parecem "objetivamente" menores ou não? Ou seria só uma miopia, ou talvez até um preconceito de nossa parte, que nos impede de ver que tais objetos têm o mesmo tamanho? Dúvidas desse tipo dão margem a novas considerações de grande interesse e relevância.

Poderíamos argumentar, com base no argumento da autoridade, que os economistas (mas certamente não apenas os economistas) supõem que o ponto inicial inevitável para qualquer deliberação e comportamento humanos é o fato incontestável de que um dólar (ou qualquer outra moeda) será de "menor importância" no futuro se comparado com o presente, e que a deliberação que diz o contrário não faz sentido. Os economistas, portanto, falam sobre descontar o tempo ou sobre a "a delimitação explícita de caráter e a intensidade do relacionamento entre as avaliações de hoje e do futuro de uma determinada coisa" (Tříska 2007, 7). Eles falam sobre a taxa de desconto, que nada mais é do que o preço do tempo que recalcula ou converte o valor de uma nota de US\$ 5 (ou qualquer outra moeda) nos dias de hoje para o valor de uma nota de US\$ 5 do futuro. Esse conceito pode ser um pouco complicado de compreender.

O que as pessoas costumam entender sem dificuldade é o processo inverso, conhecido como "juros compostos", porque elas sempre se deparam com ele em suas próprias vidas. Investir uma soma de dinheiro P_0 (ou até mesmo para depositá-lo num banco) significa esperar que, com a taxa de juros i, o P_0 original vai aumentar no tempo t para P_t, de acordo com a seguinte fórmula:

$$P_t = P_0 \left(1 + i\right)^t$$

Essa é uma expectativa que todos facilmente conseguem compreender, talvez até mesmo de modo intuitivo.

O processo de aplicar taxas de desconto é, basicamente, o **processo inverso**, embora seja preciso admitir que a existência de um expoente negativo torne o conceito um pouco mais difícil de compreender:

$$R_t = R_0 (1 + d)^{-t}$$

A partir dessa fórmula, fica evidente que, por causa do desconto (d é a taxa de desconto), o valor R_0 de hoje no tempo t "se parece" mais com R_t. Se a taxa de desconto é d > 0, que é a premissa básica da racionalidade que por convenção entendemos como humana, então $R_t < R_0$. Os eventos futuros são necessariamente de menor importância se comparados com os do presente. Quanto maiores forem d e t, maior será a diferença do valor do presente e do futuro.

A taxa de desconto pode ser derivada, por exemplo, da taxa de juros com a qual as pessoas estão dispostas a fazer empréstimos para uso imediato quando talvez não possuam recursos financeiros naquele momento específico. Se elas fazem um empréstimo de US$ 1.000 e os juros são de 6%, então, ao fim do primeiro período, elas terão apenas US$ 940 do empréstimo inicial. É um princípio praxeológico geral pensar desse modo, não uma característica específica da Economia ou um ponto de vista dos economistas. Esse princípio também dita que, se as pessoas considerassem a taxa de desconto como zero (ou próxima de zero), elas não teriam nem como investir ou economizar de maneira racional. Elas não poderiam tomar nenhuma decisão relativa ao futuro.

Concordo com Tříska (2007, 106) quando diz que, "para um intelectual enrustido", tais argumentos talvez sejam excessivamente "realistas" (sem a pompa suficiente) e "que para ele seria inaceitável aplicar essa metodologia de 'contabilidade' ao nobre assunto que é a salvação da raça humana". No entanto, gostaria de encarecidamente pedir a esses intelectuais enrustidos que refletissem sobre esse viés e que tivessem certeza de que seu próprio modo de pensar baseia-se em pressupostos pelo menos tão claros e simples quanto a teoria de desconto de um economista. Permitam-me citar todo o argumento de Tříska (2007, 105-106): "Se eles por acaso superassem sua aversão, então bastaria substituir a nota de US$ 5 pela séria questão ambiental e substituir o horizonte de tempo de um ano por algumas décadas 'intergeneracionais'. E então eles provavelmente veriam que é possível avaliar alguns elementos nos dias de hoje de modo diferente da avaliação daqui a 30 anos, e isso sem falar no fato de que não precisaremos mais ser nós a ocupar a posição de avaliadores, e sim aqueles que virão depois de nós."

Lawrence Summers, o famoso economista da Universidade de Harvard (e ex-secretário do Tesouro durante a presidência de Bill Clinton e, portanto, também sob o vice-presidente Al Gore) expressou esse conceito de maneira bastante concisa há pouco tempo. Ele se perguntou se de fato faria algum sentido fazer estimativas sobre as contribuições de inúmeras atividades humanas com 100 anos de antecedência. Sua resposta foi de que **"sim"**, isso fazia sentido, mas "que seria bom deixar bem claras quais eram essas suposições" (Summers 2007). Assim, ele recomendava aos leitores que tentassem responder à seguinte pergunta: "De que porcentagem do PIB os leitores estariam preparados a abrir mão na década seguinte, de modo a acrescentar a) 0,01% b) 0,05% c) 0,1% d) 0,25% do crescimento do PIB mundial no período de 2020–2120? (Summers 2007)

Acredito que essa pergunta, com todas as suas nuances, é bem mais do que apenas instrutiva, e bastante persuasiva. Não há resposta para ela, muito embora os ambientalistas diariamente deem respostas diferentes e o façam de modo bastante confiante.

Devo também salientar que os economistas abandonaram há tempos o princípio pré-científico de que o valor de um bem (ou o valor de qualquer coisa escassa) é objetivamente mensurável — há aproximadamente 150 anos. Eles compreenderam que o valor tem uma natureza exclusivamente subjetiva. Ainda não ocorreu em nenhuma outra ciência social semelhante revolução no raciocínio como esta, que afetou o mundo da economia no período entre a economia política clássica e a economia neoclássica (o último terço do século XIX), e receio que, até nos dias de hoje, pessoas que podem ser consideradas cultas ainda não compreendem suas consequências, que têm longo alcance. Os ambientalistas sem dúvida não compreendem. Eles veem tudo ao seu redor de maneira "objetiva" (Tal assunto, contudo, precisaria ser examinado em um estudo à parte.).

Em um texto recente e de grande relevância, William Nordhaus (2006), o famoso economista e coautor daquele que talvez seja a obra de Economia de maior importância, utilizou o conceito de desconto para analisar de modo crítico o já citado *Stern Review on the Economics of Climate Change* (Stern 2006) e sua nova versão da visão catastrófica sobre o aquecimento global. Nordhaus percebeu que Stern — ao contrário de outros autores da área que hoje em dia é chamada de estudos ambientalistas clássicos (como os do Clube de Roma) — começa pelos modelos-padrão (não os modelos de Forrester), os quais estão bem próximos daqueles que o próprio Nordhaus vem usando há várias décadas. Contudo, as "conclusões [de Stern] (...) são muito diferentes da maioria dos estudos econômicos" já publicados (Nordhaus 2006, 4).

Depois de uma cuidadosa análise do relatório Stern, Nordhaus (2006, 6) conclui que o motivo por que os resultados diferem está na "hipótese extrema (que Stern faz) de desconto". Nordhaus enfatiza, com razão, que esse não é, de modo algum, um detalhe técnico sem importância, de interesse somente aos economistas mais minuciosos, e sim uma questão de importância fundamental, porque desconto é a chave para quaisquer comparações entre o futuro e o presente. O relatório Stern basicamente considera "a taxa de desconto social" como próxima de zero. Essa hipótese "exagera de maneira absurda os impactos no futuro distante e racionaliza cortes profundos nas emissões e em todo o consumo do presente" (Nordhaus 2006, 6). Com as taxas de desconto "normais", as conclusões catastróficas e as consequentes recomendações de Stern desaparecem.

Num boletim informativo de fevereiro de 2007 do Centro de Economia e Política, o economista tcheco Mojmír Hampl também critica a baixa taxa de desconto no modelo de Stern. De acordo com Hampl (2007, 4), Stern deseja "persuadir a todos que as gerações futuras que viverão dezenas ou centenas de anos depois de nós irão avaliar os custos do aquecimento global e os custos de como evitá-lo do mesmo modo que fazemos hoje em dia, sem considerar o fato de que elas serão muito mais ricas e tecnicamente avançadas do que nós, e provavelmente terão de lidar com problemas totalmente diferentes". E acrescenta: "Como se nós não tivéssemos dados teóricos e empíricos em número suficiente para nos mostrar que avaliar o futuro (e principalmente um futuro distante) através dos olhos do presente sempre leva a previsões que farão nossos descendentes cair na gargalhada".

Do mesmo modo, o professor S. Fred Singer argumenta (em correspondência pessoal com o autor, em fevereiro de 2007), que "a escolha da taxa de desconto é geralmente apresentada em termos éticos — ou seja, o bem-estar de nossos filhos e netos — e, assim, tem forte apelo emocional." E disso resulta uma taxa de desconto que é excessivamente baixa e não corresponde à realidade, a qual exagera os efeitos futuros das mudanças ocorridas no presente.

A taxa de desconto social é, assim, o parâmetro essencial que compara a importância do bem-estar das gerações vindouras em relação ao das gerações presentes. Quando ela corresponde a zero, sabemos que estamos imaginando as gerações futuras do mesmo modo que vemos as do presente, o que é totalmente absurdo. Os ambientalistas (e Stern) provavelmente tentarão se defender argumentando que uma taxa de desconto social não equivalente a zero ignora os enormes gastos que surgirão no futuro e que, portanto, pedem maior neu-

> O relatório [Stern] argumenta que a presença de incerteza deveria reduzir a taxa de desconto utilizada. Contudo, muitos argumentariam que, como o nosso conhecimento de eventos futuros torna-se cada vez mais incerto à medida que o horizonte de tempo aumenta, as taxas de desconto deveriam na verdade aumentar em vez de diminuir com o tempo.
>
> Ian Byatt, Ian Castles, Indur M. Goklany, David Henderson, Nigel Lawson, Ross McKitrick, Julian Morris, Alan Peacock, Colin Robinson e Robert Skidelsky (2006, 212)

tralidade entre gerações. Já tentei demonstrar que tal abordagem é incorreta.

Sem utilizar nenhum dos meus argumentos, e sem analisar nenhuma consequência mais profunda, Martin Bursík (2007, 70) também fala sobre "o princípio da justiça intergeneracional". E o que ele compreende como a base desse princípio? Ele também parece fazer uso da hipótese de uma taxa de desconto igual a zero, ou próxima de zero. O efeito desse pressuposto é de fundamental importância. Quando Nordhaus utiliza seu próprio modelo com uma taxa de desconto mais alta para recalcular o resultado de Stern, ele chega a resultados completamente diferentes. Estou convencido de que os leitores das notícias publicadas sobre o relatório Stern, facilmente encontráveis na imprensa, em geral não estão cientes disso.

A questão da taxa de desconto de Stern é um tanto complicada (assim como muitas outras hipóteses complexas dos modelos climáticos de hoje em dia). Nordhaus (2006) "interpreta" a taxa de desconto de Stern como 0,1%. Mendelsohn (2006–2007, 42) afirma o seguinte: "O relatório [Stern] pressupõe que a taxa de desconto (...) é 0,1% acima da taxa de crescimento do consumo. Como se supõe que o consumo cresça numa taxa de 1,3% [como vimos no capítulo 3], a taxa de desconto é de 1,4%". Mendelsohn considera até mesmo essa taxa baixa, dando peso demais ao futuro. Marco Percoco e Peter Nijkamp (2007) listam 13 estimativas diferentes da taxa de desconto social para diferentes países, e chegam a uma média de 4,6%. Um resultado muito mais alto do que a taxa de Stern.

Para esclarecer isso, Nicholas Stern publicou um suplemento interpretativo, *After the Stern Review: Reflections and Responses* (2007, 3), no qual explica a diferença entre a taxa de desconto e a "taxa de desconto de tempo pura", deixando claro que é a segunda que equivale a 0,1%. Portanto, é mais provável que Mendelsohn esteja certo do que Nordhaus, embora seja questionável a fácil compreensão do conceito.

Mendelsohn (2006–2007) observa corretamente que a taxa de desconto de Stern é muito baixa, de qualquer modo (autores diversos utilizam valores que vão de 3% a 6%), e também critica o fato de que Stern não usa nenhuma taxa de desconto que poderia fazer uma estimativa dos custos da luta contra o aquecimento global: "Os custos de atenuação, relatados no estudo, precisam ser multiplicados por um fator de três para serem consistentes com o modo como os prejuízos são calculados" (Mendelsohn 2006 –2007, 43).

Uma taxa de desconto social igual a zero (ou que se aproxime de zero) faz o futuro parecer tão importante quanto o presente. Ouso dizer que tudo depende de entendermos ou não o absurdo dessa afirmação. Se não percebemos o quanto essa afirmação é absurda, então não faz sentido debater o assunto a sério, já que isso não levará a lugar algum.

Para resumir, podemos afirmar, juntamente com Tříska, que "talvez a principal contribuição da teoria econômica para o debate do aquecimento global seja a exigência de especificar obrigatoriamente todas as suposições nas quais baseamos nossa análise — ou seja, separar de maneira clara essas suposições dos resultados da própria análise". Afinal, esta é uma exigência elementar para qualquer trabalho que se diga científico.

Capítulo 5

Análise do Custo-Benefício ou Absolutismo do Princípio da Precaução?

O problema com o princípio de precaução • Como os ambientalistas usam o princípio para justificar intervenção por parte do governo sem provas, e sua hipocrisia ao fazê-lo • Os problemas com a energia "renovável" • A inadequação do princípio de precaução num mundo de trocas benéficas e a adequação da análise do custo-benefício

Outro assunto extremamente problemático que deve ser citado explicitamente no contexto do aquecimento global é o chamado princípio da precaução. O princípio da precaução ou é mal-interpretado pelos ambientalistas ou compreendido somente até certo ponto. De qualquer modo, é um princípio que costuma ser empregado de acordo com as ambições de quem o utiliza.

Os ambientalistas usam o princípio de maneira absolutista e apriorística, o que faz com que eles defendam uma maximização da aversão a riscos, o que seria que injustificável em outros contextos. Não desejo ridicularizar esse processo, porque ele é, em si mesmo, bastante humano. Mas ele precisa ter limites. Cada ser humano racional minimiza seus riscos; e não há nada de errado em fazê-lo. Contudo, o que mais importa é a minimização razoável dos riscos. S. Fred Singer (2000) afirma, muito a propósito: "Não acredito muito em comprar um seguro se os riscos são pequenos e os preços são altos. (...) Estão nos oferecendo um seguro contra um risco muito pequeno, se é que de fato existe, e pagamos por ele um preço muito elevado." O fato é que, de acordo com o Protocolo de Kyoto, devemos reduzir o uso de energia em um terço, o que, em 2050, irá resultar numa redução de temperatura de apenas 0,05 °C.

> Faz sentido esperar que a quantidade de energia continue a ficar cada vez mais disponível e menos escassa, indefinidamente.
>
> Julian Simon (1996, 181)
> Economista

Martin Bursík (2007, 70) demonstra o abuso dessa atitude, de maneira encantadora, ao dizer que "não temos nenhuma prova concreta, mas baseamos nossas hipóteses no princípio de precaução" (tradução do autor). Só essa frase já bastaria para uma análise à parte. Será que deveríamos fazer algo — no geral, algo bastante radical (e caro) — mesmo que não tenhamos indícios suficientes?

Os economistas de modo geral nem mesmo acreditam que esse "princípio" exista. Ele não é mencionado na literatura padrão. Eles abordam qualquer tipo de problema observando os dois lados de uma moeda. Assim, levam em consideração não apenas os efeitos, mas os custos de tudo, incluindo aí a precaução apriorística. Portanto, eles se opõem à obrigatoriedade precipitada de qualquer intervenção legislativa que prometa um efeito acima de zero. Eles debatem os custos e benefícios das alternativas e, acima de tudo, pensam em termos dos chamados custos de oportunidade (os efeitos das atividades alternativas que foram "perdidas" por causa da intervenção legislativa). Eu costumava sempre dizer aos meus alunos que entender o conceito de custos de oportunidade é um dos pré-requisitos — e não existem muitos deles — para se obter um diploma universitário.

Os economistas também chamam atenção para o fato de que esses gastos não são gerados somente por ações, mas também pela inação (ou seja, pela ausência de ação). Tanto a implementação de uma medida quanto sua não implementação têm consequências. No entanto, os ambientalistas não veem as coisas dessa maneira. Em seu artigo *The Irrational Precautionary Principle* (*O Princípio de Precaução Irracional*, em tradução livre), Jim Peron (2004, 39) acrescenta que esse ponto de vista tem um objetivo muito mais profundo, e que hoje em dia "o princípio da precaução equivale a um golpe na teoria legal". Receio que o mesmo aconteça no caso das práticas jurídicas — e não apenas nessa área.

Estamos testemunhando um princípio de precaução interpretado de maneira absolutista ser empregado pelos ambientalistas para justificar na prática qualquer tipo de proibição ou intervenção regulatória. Para colocar em prática tais regulamentações — assim que a catástrofe iminente já tiver sido determinada — eles precisam apenas recorrer a simples admoestações morais, nobres sermões sobre o futuro, e também demonstrar o quanto "se preocupam" com a humanidade, à moda de Al Gore. "Se algo pode trazer danos, vamos evitar", dizem eles. Existe a palavra "pode" e existe a palavra "danos". É necessário fazer uma distinção cuidadosa entre "danos" e "efeitos secundários", porque nada acontece ou pode acontecer sem algum efeito. Cada atividade humana possui efeitos secundários (e, portanto, também custos). Essa é uma abordagem que flerta com a proibição de praticamente tudo.

E nós nos deparamos com esse modo de pensar na vida real, quase todos os dias. Um protótipo de sua aplicação — e que é, portanto, o mais relevante campo de batalha nos dias de hoje — é a produção de energia elétrica. Apesar de desfiarem severas críticas ao consumo de energia, os próprios ambientalistas usam eletricidade todos os dias. A recente notícia sobre a casa de Al Gore, com seu consumo exagerado de energia, é fascinante nesse sentido. Os ambientalistas sem dúvida não desejam retornar à noção do bom selvagem de Rousseau e sua vida supostamente idílica — pelo menos não na realidade de suas próprias vidas.

A unilateralidade e monotonia do raciocínio dos ambientalistas a respeito da produção de energia são demonstradas de maneira bastante convincente por Michael Heberling (2006) em seu artigo *It's Not Easy Being Green* (*Não É Fácil Ser Ecologista*, na tradução livre). Heberling analisa as opiniões dos ambientalistas sobre tipos individuais de recursos de energia. De acordo com os ambientalistas, é sempre (na verdade, automaticamente) muito melhor usar energia geotérmica, a qual, ao contrário do carvão, do gás ou do petróleo, eles consideram inesgotável, ou seja, ilimitada e abundante. Mas esse raciocínio obviamente comete um erro fatal. Está mais do que claro que extrair energia geotérmica é extremamente caro, pelo menos com a tecnologia disponível nos dias de hoje. E, mesmo assim, os ambientalistas querem que isso ocorra agora mesmo, independentemente dos custos e preços envolvidos.

Do mesmo modo, eles também se recusam a reconhecer que a natureza está sendo prejudicada não apenas por usinas de energia alimentadas a carvão, mas também pelas hidrelétricas. A cidade de Aswan, no rio Nilo, o rio Amarelo na China ou as cataratas do Iguaçu no Brasil são testemunhas dos efeitos destrutivos das usinas hidrelétricas nos ecossistemas dos rios. Os protetores do meio ambiente "menores" (autênticos), ao contrário dos ambientalistas, estão bastante cientes do fato.

> Para substituir a eletricidade produzida na usina nuclear Tcheca de Temelín por energia eólica seriam necessárias 5.000 turbinas. Se elas fossem colocadas lado a lado, formariam uma linha que ligaria a cidade de Temelín a Bruxelas.
>
> Václav Klaus
> Cálculos próprios, ver apêndice C

> Para substituir a eletricidade produzida em nossas usinas nucleares, seria necessário construir cerca de 20.000 turbinas eólicas, ou então ocupar um milhão de hectares de terra com plantações inúteis — a chamada biomassa, que pode ser utilizada como combustível. Um milhão de hectares representa um quarto de toda a nossa terra cultivável, ou um sétimo da área de toda a República Tcheca.
>
> Martin Ríman
> Ministro da Indústria e
> Comércio da República Tcheca

As energias solar e eólica também são consideradas "gratuitas" pelos ambientalistas por serem "inexauríveis". No entanto, os engenheiros (assim como os economistas e pessoas comuns) sabem que a energia solar e a eólica são, por diversos motivos, extremamente caras. Um desses motivos é que a terra necessária para a implantação de usinas desse tipo está longe de ser inexaurível. Ela é escassa, e obviamente não é de graça.

Heberling (2006) demonstra que para que as usinas eólicas produzam 5% de toda a energia elétrica dos EUA, como querem alguns ambientalistas, seria necessário construir mais 132.000 turbinas eólicas. É uma quantidade incrível. Haveria terra (um dos fatores clássicos para produção) disponível para esse número de turbinas? E haveria terra disponível a um preço razoável? Valeria a pena matar de 12 milhões a 15 milhões de aves "ecologicamente" (em outras palavras, em prol do interesse dos ambientalistas) com as lâminas das turbinas, todos os anos? E quanto à estética da paisagem (como podemos ver no norte de Viena ou no sul de Berlim)? Como nos mostra o apêndice C, substituir a usina nuclear tcheca de Temelín por usinas eólicas exigiria a instalação de 5.000 delas. Se fossem construídas em fileiras, uma ao lado da outra, elas formariam uma linha reta que iria de Temelín até Bruxelas.

Referindo-se ao relatório Stern, Robert Mendelsohn (2006–2007, 45), professor de estudos ambientais da Yale University, menciona um ponto importante: "É uma coisa imaginar um moinho de vento aqui e ali, ou tetos solares em alguns prédios. Contudo, para alcançar as metas renováveis do relatório [Stern], cinco a dez milhões de hectares de tetos solares precisariam ser instalados, de preferência em locais ensolarados, perto da linha do Equador. Seria necessário instalar um total de dois milhões de turbinas eólicas em 33 milhões de hectares. O setor de biocombustíveis precisaria de 500 milhões de hectares de terra a mais." Outra observação que Mendelsohn faz é que as consequências ambientais desses projetos simplesmente não são citadas no relatório Stern.

Poderíamos citar vários outros argumentos do tipo. Mas, por enquanto, quero apenas demonstrar o quanto um princípio de precaução concebido de maneira equivocada, aplicado aos perigos do uso de carvão ou combustível nuclear — ou seja, sem uma análise consistente, detalhada e que pese toda a relação entre custo e benefício —, leva a soluções que são completamente ineficazes, as quais geram um fardo excessivo para o nosso futuro. Na vida real, existe sempre uma troca compensatória — mesmo para a cautela. Essa troca tende a ser muito cara. Dizer o contrário é apelar para o populismo irresponsável.

Numa entrevista para a *ICIS Chemical Business Americas*, Bjørn Lomborg (2007) nos dá diversos bons exemplos dessa abordagem do "toma lá, dá cá". Até mesmo com a regulamentação dos pesticidas, cerca de 20 pessoas morrem de câncer todos os dias nos EUA devido a resíduos de pesticidas nos alimentos. Proibir os pesticidas, portanto, salvaria 20 vidas por ano. O aumento subsequente no preço das frutas, verduras e legumes sem pesticidas diminuiria seu consumo em pelo menos 10 a 15 por cento, e as estimativas mostram o consequente aumento para 26.000 mortes no número de vítimas do câncer. A proporção de 20 para 26.000 é bastante clara. Como o fica o princípio de precaução, no caso?

Podemos fazer suposições semelhantes para os efeitos no aumento da temperatura. As estimativas afirmam que, até 2050, o número de mortes na Grã--Bretanha causadas pelo calor excessivo pode ter um aumento de 2.000/ano. Ao mesmo tempo, a estimativa para as mortes causadas pelo frio irá diminuir em 20.000. Mais uma vez, vemos uma proporção semelhante. Os dados oriundos dos EUA também são bastante esclarecedores. Indur M. Goklany (2007, 167) mostra que, de 1979 a 2002, 8.589 pessoas morreram devido ao calor excessivo, enquanto que houve 16.313 mortes devido ao frio excessivo. Aparentemente, um pequeno aumento na temperatura só melhoraria a situação, muito embora a mudança na temperatura seja um fator para apenas 0, 056% de todas as mortes.

Portanto, digo "sim" à análise de custo-benefício e "não" ao apriorismo do princípio de precaução.

Capítulo 6

O Que Está De Fato Acontecendo com o Aquecimento Global?

Dados sobre a temperatura na República Tcheca e como podem ser interpretados • Perguntas que precisam ser feitas a respeito do aquecimento global • Os efeitos da influência exercida pela política na ciência • O debate do gráfico "taco de hóquei"• A variação natural no clima e a natureza do aquecimento atual • Geleiras e nível do mar vêm sofrendo alterações há muito tempo • Exemplos de declarações céticas de muitos cientistas • A natureza política dos documentos de resumo do Painel Intergovernamental sobre Mudança Climática • As importantes conclusões de uma análise independente dos resumos • O aquecimento traz benefícios e também ocorre em outros planetas

Vale a pena começar este capítulo com alguns dados ilustrativos. Entrei em contato com o Instituto Hidrometeorológico da República Tcheca, que havia recentemente publicado um "Atlas Climático da República Tcheca" (Tolasz, 2007) bastante convincente, e pedi a seus pesquisadores que me fornecessem uma série temporal aleatória de uma estação meteorológica com dados de longo prazo sobre temperatura. Recomendaram-me que não escolhesse Praga, e sugeriram, em vez disso, a estação meteorológica de Opava.

A evolução da temperatura na estação entre 1921 e 2006 está representada na Figura 6.1.

À primeira vista, não há nenhuma tendência evidente relativa ao tempo. A temperatura média de Opava durante os últimos 86 anos foi de 8,3°C. Se fizermos uma simples análise de regressão, obtemos um componente tendencial de 0,0028°C por ano. Para os leigos, isto representa um aumento de temperatura de 0,028°C por década e 0,28°C por século. É evidente que a estimativa deste parâmetro não é estatisticamente significativa, e eu gostaria de ressaltar

Figura 6.1. Temperatura Anual em Opava, República Tcheca, 1921-2006

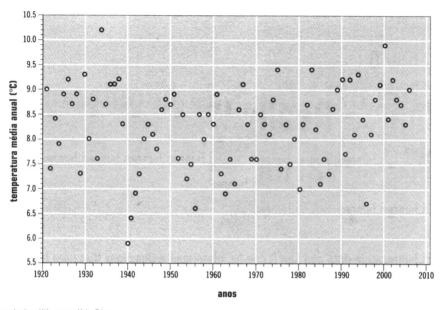

fonte: Instituto Hidrometeorológico Tcheco

que meu objetivo certamente não era encontrar uma linha ou uma curva que expressasse de maneira representativa os 86 valores desta série temporal. Também estou plenamente consciente de que, quando consideramos um período de tempo relativamente curto, muito do resultado depende da escolha de um começo e de um fim – datas, neste caso, que foram determinadas não por mim, mas pelo Instituto Meteorológico Tcheco. Obviamente, a escolha de um ponto de partida diferente poderia ter levado a resultados diferentes.

É possível "brincar" com o começo – assim como com o final – desta série temporal. Tais mudanças são bastante significativas. É possível obter várias médias móveis. Os meteorologistas usaram a média móvel padrão de 11 anos, pois seu cálculo corresponde ao **período da atividade solar**. Eu mesmo calculei várias outras, mesmo médias móveis de 30 anos, sem observar mudanças fundamentais nos resultados. A média móvel de 30 anos demonstra temperaturas elevadas a princípio, uma diminuição posterior da temperatura (até os anos 1970), e um pequeno aumento no período final. Para o leitor leigo, provavelmente será mais fácil observar as médias de cada década. Com uma média geral de 8,3°C, a média das décadas 1921-1930 e 1931-1940 é de 8.5°C, nível que foi alcançado novamente em 1991-2000. O único período mais quente que os 20 anos entre 1921 e 1940 é a década incompleta de 2001-2006. Não é minha intenção extrair conclusões gerais destes dados e nem superestimar de modo algum sua importância; eu os apresento apenas como um ponto de partida para ilustrar o problema.

Os resultados de uma análise empírica de mudanças climáticas levada a sério (e também do aquecimento global), a credibilidade destas análises e – para adicionar mais uma dimensão – a credibilidade da apresentação dessas análises pelos meios de comunicação são completamente diferentes das considerações econômicas ou sociológicas aqui apresentadas. Embora possa ser difícil de acreditar, essas considerações são duas coisas mais ou menos diferentes.

Patrick J. Michaels, ex-presidente da American Association of State Climatologists (Associação Americana de Climatologistas), desafia – em minha opinião, de forma bastante convincente – o fenômeno do aquecimento global em seu livro *Meltdown: The Predictable Distortion of Global Warming by Scientists, Politicians, and the Media* – 2004 (*Colapso: A Previsível Distorção do Aquecimento Global por Cientistas, Políticos, e a Mídia*, na tradução livre). Ele apresenta três perguntas elementares que dão uma estrutura racional a todo o problema:

- Há um aquecimento global?
- Em caso afirmativo, ele foi causado por seres humanos?
- Em caso afirmativo, podemos fazer algo a respeito?

Poderíamos acrescentar uma quarta pergunta: um aumento moderado de temperatura no futuro faria diferença?

Um renomado cientista americano, S. Fred Singer (2006), levanta questões bastante semelhantes em seu ensaio *The 'Climate Change' Debate* (*O Debate sobre a Mudança Climática*, na tradução livre):

- Há indícios – pró ou contra – de significativa contribuição humana para o aquecimento global atual?
- Um clima mais quente seria melhor ou pior que o clima atual?
- Podemos, de fato, fazer algo quanto ao clima?

Esse e muitos outros autores chegam a conclusões diametralmente opostas às que são politicamente corretas ou estão na moda hoje. Tais autores também tentam apurar o que está por trás das diferenças existentes. Eles não acreditam que grande parte da disputa tenha a ver com a ciência propriamente dita. Em seu último estudo, Michaels (2006, 1) examina cuidadosamente "tanto os recentes relatórios científicos sobre mudanças climáticas quanto a comunicação desses relatórios" ao público. Acrescento que este artigo foi publicado antes do relatório Stern (2006) completo, mas entre a publicação de seu resumo político e a publicação do resumo político do quarto relatório do Painel Intergovernamental sobre Mudanças Climáticas (*Intergovernmental Panel for Climate Change*, ou IPCC) (IPCC, 2007). O problema fundamental, segundo Michaels, reside na grande discrepância entre os relatórios científicos originais e a apresentação pública destes resultados pelos meios de comunicação. O resultado é a disseminação em massa, aparentemente deliberada, de meias-verdades (ou mesmo mera desinformação) por parte dos meios de comunicação, muitas vezes com o propósito primordial de aumentar ao máximo o generoso financiamento público para pesquisas sobre desastres em potencial. Quanto mais "imprevisível" parece ser o desastre, mais dinheiro estará à disposição dos cientistas.

Luboš Motl (2007a, 8), um físico tcheco trabalhando na Universidade de Harvard, descreveu o problema de forma semelhante em seu artigo *Doubts about Global Warming* (*Dúvidas sobre o Aquecimento Global*, em tradução livre):

> Os cientistas, cuja pesquisa pode levar a previsões diferentes ou explicações diversas dos dados disponíveis, são constantemente intimidados. São acusados de auxiliar as 'malvadas' companhias de petróleo e têm dificuldade para utilizar fontes de apoio à pesquisa e evoluir em suas carreiras. Se ainda assim alguém chega a conclusões inconvenientes, seus artigos não são publicados. Os artigos efetivamente publicados são também divididos conforme um padrão ideológico. Os resumos de relatórios científicos são escritos pelos membros mais politicamente ativos das equipes de pesquisadores e que são, portanto, também os mais.

Talvez nem seja necessário acrescentar nada a essa afirmação. Alguns de nós conhecemos de perto esse tipo de intimidação pessoalmente durante a era comunista. A sensação dos pesquisadores frustrados de hoje deve ser bastante semelhante.

Usando seu extraordinário talento literário, Michael Crichton (2004) descreveu o problema com precisão e aptidão – para alguns, de maneira talvez tão intensa que era difícil de acreditar– em seu livro *State of Fear* (*Estado de Medo*, em tradução livre). Embora seja meramente "ficção", este livro deveria ser leitura obrigatória para todos os interessados. Lorde Nigel Lawson (2006, 1), ex-chanceler britânico do tesouro público, também discorre sobre o mesmo problema, afirmando que "de todos os órgãos possíveis, é realmente chocante a recente tentativa por parte da Royal Society de impedir o financiamento de pesquisadores do clima que não compartilhem de sua visão alarmista do assunto."

Julian Morris (1998) apresenta argumentos bastante diferentes em seu ensaio sobre *Popper, Hayek, and Environmental Regulation* (*Popper, Hayek e a Re-*

gulamentação sobre o Meio Ambiente, em tradução livre), no qual discute as questões mais gerais sobre a evolução das teorias científicas. Ele remete à crítica de Popper (1975) da criação de um monopólio científico e nos lembra do problema da **monopsonia** – situação na qual há somente um comprador. No caso das doutrinas sobre o meio ambiente, o comprador monopolista é o Estado. Morris (1998, 3) conclui que, devido a este mecanismo: "A maior parte do incentivo vai para cientistas cujas pesquisas podem vir a confirmar as previsões terríveis de mudanças climáticas por meio da elaboração de modelos preditivos, ou então que já pressupõem mudanças climáticas terríveis e buscam meramente prever as consequências adversas para o ser humano." Essa situação ocorre quando mesmo quando "o clima (diferente da **'previsão do tempo para amanhã'**) é complexo demais para ser previsto" (Morris, 1998, 4).

Felizmente, nem todos estão envolvidos em tais esforços para desacreditar a ciência. A abordagem estatística séria e a recusa a brincar com números são as características de Bjørn Lomborg em seu livro *The Skeptical Environmentalist*, (*O Ambientalista Cético*), de 2001, por exemplo. Ao contrário do que houve em outros países, o livro não gerou profundos debates na República Tcheca, nem mesmo depois de sua publicação em tcheco (Fiz uma tentativa de demonstrar a influência desta obra entre os ambientalistas e seus "companheiros de luta" na Dinamarca, na Inglaterra e em outros países já em fevereiro de 2004, em um artigo intitulado *As Reações Ridículas dos Ativistas Ambientais* (Klaus 2004); incluímos a tradução deste artigo neste livro, no apêndice B.).

Motl (2007a, 8) expressou uma opinião semelhante:

> Bjørn Lomborg reuniu argumentos em favor da tese de que um possível aquecimento poderia se revelar benéfico para a humanidade. A inquisição dinamarquesa, em sua encarnação hodierna do Comitê Dinamarquês Contra a Desonestidade Científica, agiu prontamente – por ordem de ativistas ambientais – e excomungou Lomborg. Ele levou um ano para recuperar sua reputação.

Indur M. Goklany (2007, 7) também manifesta uma opinião semelhante:

> Em um dos episódios mais bizarros relativos à ciência e à fé, desde o julgamento de Galileu por heresia, uma queixa foi registrada contra Lomborg em um órgão com o orwelliano nome de Comitê Dinamarquês Contra a Desonestidade Científica (CDDC).

Faz sentido falar no aquecimento da Terra se analisarmos o contexto de sua evolução durante centenas de milhões de anos? Toda criança aprende na escola sobre variações de temperatura, sobre a era do gelo, sobre como a vegetação da

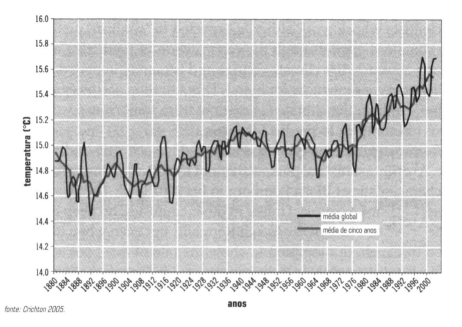

Figura 6.2. Temperatura global média, 1880–2003

fonte: Crichton 2005.

Idade Média é diferente da vegetação dos dias de hoje. Todos nós observamos recordes de temperatura (nos dois sentidos) durante nossas vidas. Na República Tcheca, o mês de janeiro de 2007 foi o mais quente dos últimos 46 anos. É possível falar de um aquecimento global anterior, ocorrido há 46 anos, ou será que ele foi meramente um desvio acidental que aconteceu nesse período?

As Figuras 6.2 e 6.3 mostram como é fácil apresentar as mesmas séries temporais de formas diferentes. A Figura 6.2, por causa da escolha da escala e da duração da série temporal, pode fazer a situação parecer extrema. Em comparação, a Figura 6.3 é bem mais amena.

Como devemos interpretar as recentes mudanças climáticas? De forma bastante precisa, Motl (2007a, 8) afirma o seguinte: "A assertiva de que o aquecimento no século XX é algo inédito foi personificada pelo chamado 'gráfico taco de hóquei', que se tornou o símbolo do terceiro relatório das Nações Unidas sobre o Clima (IPCC 2002). De acordo com este gráfico, a temperatura média dos últimos 900 anos (ou mais) permaneceu essencialmente constante, mas teve um aumento acentuado por volta do ano 1900 (como resultado de atividades humanas). Graças a Steven McIntyre e Ross McKitrick, que estão mais ou menos à margem da comunidade científica, acabou-se descobrindo que o 'gráfico taco de hóquei' baseava-se em métodos estatísticos equivocados.

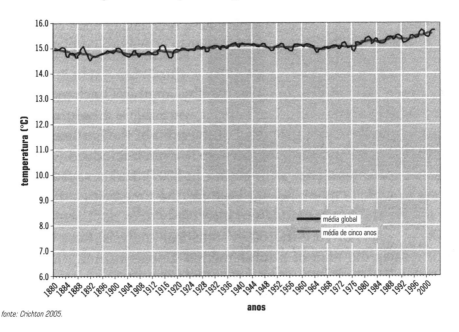

Figura 6.3. Temperatura global média, 1880–2003

fonte: Crichton 2005.

O 'gráfico taco de hóquei' original foi discretamente apagado do relatório das Nações Unidas sobre o Clima de 2007, e todos fingiram que ele nunca existira." Em sua preleção em Washington, Crichton (2005) falou de maneira muito semelhante sobre o destino do gráfico taco de hóquei, cujo autor original foi Michael Mann, em 1998.

O livro de Michael Mann (2004), intitulado *Meltdown*, o qual discorre sobre a ausência de derretimento das geleiras, é absolutamente convincente a esse respeito. Um artigo semelhante no contexto tcheco foi escrito por Jan Novák (2007), com o título *The Climate is Getting Drastically Warmer: Is There a New Ice Age Coming?* (*O Clima Está Ficando Drasticamente Mais Quente: Uma Nova Era Glacial Está por Vir?*, em tradução livre) Novák enfatiza, em particular, a natureza de longo prazo da evolução climática. Se as pessoas vivessem mil anos, afirma, "elas testemunhariam mudanças ainda mais curiosas (...) fazendas na Groenlândia, neve no meio do verão, vinhedos em Newfoundland (área atualmente inabitável) e oceanos congelados perto da costa da Europa" (2007, 1). As vítimas das teorias sobre o aquecimento global também devem ficar cientes de que "os mestres da era de ouro da pintura holandesa retrataram patinadores sobre o mar do Norte congelado." "O que nós chamamos de aquecimento global hoje", argumenta Novák (2007, 2), "provavelmente começou bem antes da Revolução Industrial" – isto é, muito antes dos efeitos hipoteticamente desastrosos do ser humano sobre o clima global.

Outro autor tcheco, Jaroslav Balek, oferece argumentos semelhantes em seu artigo *Consequências Hidrológicas de Mudanças Climáticas*. Segundo Balek (2006, 357): "A variabilidade e as mudanças climáticas foram sempre causadas por fenômenos externos periódicos." E afirma:

> Na história do planeta, atividades humanas intensivas ocorrem há muito pouco tempo, enquanto que mudanças climáticas mais ou menos significativas ocorrem constantemente, desde bem antes que qualquer atividade humana pudesse desempenhar algum papel no processo." (Balek 2006, 368)

George Kukla, da Universidade de Columbia, outro autor tcheco, lança mão de argumento bastante semelhante: "O aquecimento que ocorre hoje é um processo natural, causado pela transformação da geometria da órbita da Terra ao redor do Sol. A humanidade não tem como impedi-la, mesmo se quisesse fazê-lo" (correspondência pessoal com o autor, 2007). Kukla diz que este é um processo para o qual "a humanidade – ao menos por enquanto – contribui de modo ínfimo. **Ela contribui, mas sem dúvida não é a causa!**"

Apoiando-se em análises estatísticas bastante meticulosas, Ross McKitrick (2005) refuta a ideia de um aquecimento global fundamental em seu artigo *Is the Climate Really Changing Abnormally?* (*O Clima Está Mesmo Passando por Mudanças Anormais?*, em tradução livre) Ele argumenta que "o final do século XX (encontra-se) praticamente no meio de flutuações climáticas naturais" (McKitrick 2005, 10) e que o período "não é mais um fenômeno único, em termos climáticos, se comparado com a história recente" (McKitrick 2005, 11).

S. Fred Singer e Dennis T. Avery (2005) apresentam um importante argumento em seu estudo *The Physical Evidence of Earth's Unstoppable 1500-Year Climate Cycle* (*As Provas Concretas de um Ciclo Climático Global Inevitável de 1500 Anos*, em tradução livre). Eles fazem um resumo da extensa literatura científica dedicada às flutuações de longo prazo da temperatura terrestre. O estudo é uma versão abreviada de seu livro com mesmo título (Singer e Avery, 2006). A argumentação central dos autores fica evidente já pelo título: a existência de "um ciclo de 1500 anos (com uma margem de mais ou menos 500 anos para mais ou para menos)" e sua natureza "inevitável" (Singer e Avery 2005, 1).

Singer e Avery não negam que esteja ocorrendo algum grau de aquecimento, por mais brando que seja. Não obstante, com base em sua análise minuciosa, eles estão convencidos de que este pequeno aquecimento faz parte de um ciclo de 1500 anos e que a atividade humana exerce um papel muito pequeno sobre ele. Os autores discorrem sobre o aquecimento medieval (um período por volta de 950 a 1300), a pequena idade do gelo (o período que foi de 1300 a 1850, aproximadamente), e finalmente sobre o período de aquecimento moderno (a partir de 1850). Apresentam diversas provas e argumentos científicos.

> Minha opinião é de que um leve aquecimento deverá acontecer. Mas o aquecimento será bem menor do que os modelos atuais predizem. Bem menor. E acredito que mal será perceptível.
>
> S. Fred Singer (2000), Físico atmosférico, da University of Virginia

O que é, a meu ver, de menor importância (no contexto desta discussão) são as interpretações de Singer e Avery das causas desse ciclo, que, segundo eles, não são endógenas, mas exógenas e relacionadas ao comportamento do sol, comportamento este que – algo que todos sabem e com que todos concordam – não é constante. Sallie Baliunas (2003), do Harvard-Smithsonian Center for Astrophysics, chegou a argumentos semelhantes, dizendo que "o aspecto principal da variabilidade natural do clima na Terra é o Sol" e que por ora "não compreendemos os ciclos solares bem o suficiente para incorporar seus efeitos aos nossos modelos de mudanças climáticas".

Os argumentos de Singer e Avery (2006), bastante semelhantes aos de Michael Mann, são também muito convincentes. As geleiras também apresentam uma evolução previsível ao longo deste ciclo de 1500 anos. De modo geral, elas vêm recuando desde 1850, embora – e este achado é um tanto surpreendente – "não haja indícios de que as geleiras glaciais tenham encolhido mais rapidamente durante o século XX"; pelo contrário, "as geleiras estão perdendo menos massa por ano conforme o tempo passa" (Singer e Avery, 2006, 137). As geleiras alpinas apresentam uma tendência semelhante. De 1850 até hoje, elas perderam 60% de seu gelo. O que é interessante, entretanto, é como isto progrediu com o tempo. Elas perderam 20% de sua massa no período entre 1855 e 1890, permaneceram constantes no período entre 1890 e 1925, perderam mais 26% no período entre 1925 e 1960, permaneceram novamente constantes entre 1960 e 1980 e perderam mais 5% de seu gelo desde 1980. A correlação entre o recuo das geleiras e o efeito estufa é, portanto, evidentemente nula. Embora eu não pretenda explorar este assunto em detalhe, estes são fatos de grande relevância.

> A região em torno do Kilimanjaro está esfriando e, mesmo assim, a neve (gelo) vem recuando continuamente há mais de 100 anos (...) Em vez de recuar por causa de um aquecimento, o gelo tem desaparecido por causa de um declínio na umidade atmosférica.
>
> Christopher C. Horner (2007, 213)
> Competitive Enterprise Institute

O debate sobre a elevação dos níveis do mar é semelhante. Singer (2006, 1) chama atenção para o fato de que desde a última era glacial, há 18.000 anos, o nível do mar aumentou em cerca de 120 metros! Durante os últimos séculos, a elevação dos níveis do mar continuou em uma taxa de aproximadamente 18 centímetros para cada cem anos. Singer acredita que não há nenhuma aceleração nesse processo e não haverá no futuro (ao contrário da opinião de James Hansen, cujo argumento foi adotado por Al Gore; Hansen previu que no século XXI os níveis do mar subirão não 18 centímetros, mas seis metros).

Mas foi outro elemento, de crucial importância crucial, o que mais me intrigou. Em 1990, o IPCC fez uma estimativa, com grande confiança, de que haveria uma elevação dos níveis do mar de aproximadamente 66 centímetros no século XXI (o que é muito pouco, segundo Hansen, e excessivo, segundo Singer). Em 1996, o segundo painel reduziu a estimativa para 49 centímetros (com um grau de variação entre 13 e 94 centímetros). Em 2001, o terceiro painel publicou apenas um intervalo de 9 a 88 centímetros (sem identificar nenhum valor específico mais provável). O último painel, de 2007, chegou a uma estimativa mais sóbria, de 14 a 43 centímetros. Durante muitos anos, lidei com a análise de séries temporais, e assim não critico de forma alguma tais alterações, que são ocasionadas por um aumento na quantidade de dados disponíveis e na complexidade dos modelos utilizados para estimar os parâmetros da série. Eu critico, entretanto, o esforço em usar esses dados para causar a impressão de uma situação cada vez mais drámatica. Goklany (2007, 181) cita um artigo de 2006 de Church e White afirmando que podemos antecipar uma elevação dos níveis do mar até 2100 entre 28 e 34 centímetros. É uma estimativa razoável.

Um texto absolutamente fundamental sobre o assunto (especialmente para o leitor leigo) foi publicado por Jack M. Hollander, professor emérito de energia e recursos da University of California, Berkeley, com o título *Rushing to Judgement* (*Apressando-se a Julgar*, em tradução livre). Ele considera que os ciclos de aquecimento e resfriamento fazem "parte da história climática natural da Terra há milhões de anos" e, portanto, acredita que o aquecimento terrestre dos últimos dois séculos foi algo completamente natural, embora a Terra "tenha se resfriado por mais de cinco séculos" antes. Ele acredita que muitas das posições mais fortes sobre o aquecimento global, suas causas e seus efeitos "são baseadas mais em política do que em ciência", pois "são grandes as incertezas científicas sobre todas essas questões". E acrescenta: "Na politizada atmosfera atual, (....) as divergências científicas legítimas sobre as mudanças climáticas acabam perdendo-se em meio ao ruído da política." As expressões "divergências científicas" e "ruído da política" (e, eu adicionaria, dos meios de comunicação) são ótimas.

Hollander (2003, 65) observa que: "Sem o efeito estufa, a Terra seria fria demais, toda a água do planeta estaria congelada e a vida como nós a conhecemos nunca teria se desenvolvido." Ao mesmo tempo ele diz: "A ciência empírica não estabeleceu uma ligação irrefutável entre o aumento da concentração de dióxido de carbono e o aquecimento global observado." Ele argumenta: "O ar na superfície terrestre teve um aquecimento de aproximadamente 0,6 °C no período desde a década de 1860 até o presente. [O que] (...) não corresponde ao aumento no uso de combustíveis fósseis nesse período. (...) [Porque cerca de metade do aquecimento observado aconteceu antes de 1940." Pelo contrário, a superfície da Terra teve um resfriamento, segundo Hollander, de 0,1 °C entre 1940 e 1980, mas nas duas décadas seguintes aqueceu-se novamente, apresentando um aumento de 0,3 °C (Para esclarecer, acrescento que outros autores enxergam a tendência de resfriamento somente até meados dos anos 1970.).

O argumento regional de Hollander também é interessante. No território dos "EUA, apesar da presença de grandes áreas urbanas, o resfriamento na superfície, a partir de 1930, excedeu de longe o da Terra como um todo, e a subsequente temperatura na superfície aumentou somente até o nível em que se encontrava na década de 1930".

As conclusões de Hollander são claras: "Durante toda a história, os seres humanos sobreviveram e prosperaram em zonas climáticas muito mais distintas entre si do que as que podem resultar das mudanças nas temperaturas globais que discutimos hoje." **Para mim, esta é uma conclusão absolutamente crucial.**

Ivan Brezina (2007a, 61) enfoca uma questão semelhante em seu artigo *O Mito do Consenso Científico sobre o Aquecimento Global*, no qual pergunta: "Por que é **abafada** a opinião dos cientistas que questionam a superficial noção de aquecimento global?" (62) Ele faz referência ao climatologista tcheco J. Svoboda, que diz que "atualmente, estamos na fase quente de uma flutuação climática natural", e acrescenta que "o aquecimento de hoje está lentamente chegando ao fim e logo começará um resfriamento." (62) Brezina também pergunta por que os meios de comunicação de massa não mencionam a chamada Petição de Heidelberg (1992), ou a Declaração de Leipzig (1996), a qual afirma que "ao contrário do que o senso comum dita, não há hoje um consenso científico sobre a importância do aquecimento causado pelo efeito estufa" (Brezina, 2007a, 64). A mídia também não menciona a Petição de Oregon (1998), que se baseia no fato de que "não há dados científicos que indiquem que a liberação humana de dióxido de carbono, gás metano e outros gases associados ao efeito estufa está causando ou virá a causar, no futuro próximo, um aquecimento catastrófico da atmosfera terrestre ou uma mudança radical no clima da Terra" (2007a, 64). Todos esses documentos foram assinados por milhares de cientistas. Brezina (2007a, 66) também cita o ex-presidente da American Meteorological Society (Sociedade Meteorológica Americana), Malcolm Ross, o qual observou que "a ideia de que os seres humanos contribuíram de maneira significativa para o aquecimento global é o maior abuso da ciência" que já ouvira.

Motl (2007a, 8) diz basicamente o mesmo: "A ideia de que as mudanças climáticas são algo criado pelo homem é absolutamente ingênua." Pelo contrário: ele está convencido de que "é impossível chegar a conclusões definitivas" sobre tais assuntos, e que "a teoria de um aquecimento global ocasionado pelo homem não foi verificada totalmente, como exige a ciência." (8)

A já mencionada Petição de Heidelberg, redigida na época da ECO-92 (Conferência das Nações Unidas para o Meio Ambiente e o Desenvolvimento, no Rio de Janeiro), foi assinada originalmente por 425 cientistas. Hoje, conta com mais de 4.000 signatários, incluindo 72 ganhadores do prêmio Nobel (Reparei que, além de vários economistas, como Gérard Debreu, Wassily Leontief, Harry M. Markowitz e Jan Tinbergen, a lista inclui o interessante e prolífico escritor e futurólogo Alvin Toffler, e também Eli Wiesel.).

A Petição de Heidelberg contém as seguintes declarações:

> [Um] Estado da natureza, às vezes, idealizado por movimentos que tendem a enxergar o passado com nostalgia, não existe e provavelmente nunca existiu desde que o homem apareceu na biosfera (...)
>
> Endossamos inteiramente os objetivos de uma ecologia científica em prol de um universo cujos recursos necessitam ser avaliados em termos de disponibilidade, e também monitorados e preservados. Mas exigimos que tal avaliação, monitoramento e preservação sejam fundamentados em critérios científicos e não em pressupostos irracionais (...)
>
> Nós (...) estamos alertando as autoridades, em cujas mãos está o destino de nosso planeta para o risco das decisões baseadas em argumentos pseudocientíficos ou em dados falsos ou irrelevantes (...).

> Os grandes males que afligem nosso planeta são a ignorância e a opressão, e não a ciência, a tecnologia e a indústria, cujos instrumentos, quando administrados adequadamente, são ferramentas indispensáveis para um futuro moldado pela humanidade, por si e para si, superando grandes problemas como a superpopulação, a fome e as epidemias globais.

Acredito ser desnecessário acrescentar algo a essa declaração.

Enquanto trabalhava neste livro, a publicação do *Summary for Policymakers* (resumo para os responsáveis por diretrizes e estratégias políticas) do quarto relatório de avaliação do IPCC (que precedeu a publicação do texto integral) causou bastante alvoroço. No final de janeiro e no começo de fevereiro de 2007, o relatório atraiu a atenção de todo o mundo, porque sugeria, com base num relatório que não havia ainda sido publicado, que havia **"mudanças drásticas"** à vista.

Não tecerei comentários sobre o relatório propriamente dito, já que não tenho conhecimento suficiente sobre seu conteúdo. Acredito, contudo, que há algo mais que vale a pena observar. O que tenho em mente é um documento alternativo, o *Independent Summary for Policymakers* (*Sumário Independente para os Formadores de Políticas*, em tradução livre) (McKitrick et al, 2007), que foi preparado com base nos dados do IPCC, mas independentemente, como o próprio nome indica, por um grupo de dez cientistas célebres, oriundos de seis países, para o Fraser Institute, em Vancouver, no Canadá. Além desses dez autores, 54 cientistas de 15 países foram chamados para examinar minuciosamente o conteúdo deste "segundo" resumo. Quando pediram para que esses cientistas avaliassem até que ponto o resumo de McKitrick e seus colegas sobre os resultados obtidos pelo IPCC havia sido justo e imparcial, sua avaliação foi de 4,4 em uma escala de 1,0 a 5,0 (quanto maior a avaliação, melhor ela é), o que é (se levarmos em conta os pontos de vista bastante divergentes sobre o assunto) um resultado consideravelmente **positivo**. É por isso que eu, como pessoa leiga, posso ficar confiante e utilizar esse resultado como ponto de partida para minhas considerações posteriores.

O motivo para a redação desse relatório alternativo reside nas deficiências do "primeiro" relatório, no qual "alguns pesquisadores, que contradizem a hipótese de aquecimento causado pelo efeito estufa, estão subrepresentados, e algumas controvérsias são tratadas de maneira unilateral" (McKitrick et al., 2007, 5). Além disso, o relatório "foi confeccionado não por escritores e revisores científicos, mas por um processo de negociação entre burocratas anônimos representando governos. Assim, sua seleção de material não precisava refletir as prioridades e intenções da comunidade científica".

O que McKitrick e seus colegas (2007, 5) também avaliam como altamente controverso é o fato de que, embora o IPCC apresente uma lista de cientistas participantes, não fica claro se os cientistas concordam com o texto resultante ou se eles "levantaram sérias objeções". No passado, era muito comum que "embora suas objeções (fossem) ignoradas, elas eram listadas no documento final, dando a impressão de que endossavam as opiniões apresentadas".

Eis as conclusões do *Independent Summary for Policymakers*, que considero mais importantes:

- O IPCC devota pouca atenção aos aerossóis, à atividade solar, e ao uso da terra ao explicar as mudanças climáticas do século XX, apesar de alguns indícios sugerirem que a atividade solar tenha aumentado durante o século XX para valores altos, se comparados historicamente. (McKitrick et al., 2007, 7)

- Há exemplos históricos de grandes aquecimentos e resfriamentos globais naturais no passado distante. A Terra encontra-se agora durante um período interglacial quente, e as temperaturas durante o último período interglacial foram mais elevadas que as atuais. (McKitrick et al., 2007, 7)

- A hipótese de que emissão de gases causadores do efeito estufa ocasionou ou é capaz de ocasionar um aquecimento significativo no clima terrestre desde o início da era industrial é verossímil e merece atenção constante. No entanto, a hipótese não pode ser provada por argumentos teóricos formais, e os dados disponíveis permitem questionar de maneira plausível essa hipótese. (McKitrick et al., 2007, 8)

- A expressão '**efeito estufa**' é uma metáfora inadequada. (McKitrick et al., 2007, 9)

- O aumento na taxa de emissão de CO_2 (...) é igual ou levemente menor do que a taxa de crescimento da população mundial, o que significa que a emissão *per capita* de carbono não aumentou por 30 anos. (McKitrick et al., 2007, 11)

- Aerossóis desempenham um papel primordial no clima terrestre, com um provável impacto mais de três vezes maior que as emissões de dióxido de carbono antropogênicas, mas a sua influência continua a ser pouco ou muito pouco compreendida pela comunidade científica. (McKitrick et al., 2007, 12)

- A atividade solar foi excepcionalmente elevada no século XX, se analisada no contexto dos últimos 400 anos. (McKitrick et al, 2007, 14)

- A tendência média de variação da temperatura nas camadas baixas da atmosfera no período de 1979-2004 vai de 0,04°C/década a 0,20°C/década, o que – se analisado de acordo com a escala de um século – resulta em um aumento de 0,14°C a 0,58°C/década. (McKitrick et al., 2007, 19)
- Dados sobre a temperatura média global coletados sobre terra firme, combinados com dados da superfície marinha (...) exibem uma tendência de crescimento de 1900 a 1940, e novamente de 1979 até o presente (McKitrick ET al, 2007, 20), mas a importância dessas tendências nos dados sobre temperatura e precipitação provavelmente foram exageradas nas análises anteriores (McKitrick et al., 2007, 21). McKitrick e colegas (2007, 21) enfatizam o fato de que os resultados de análises de tendências muitas vezes depende do modelo estatístico adotado. Trabalhei com modelos estatísticos e econométricos durante 15 anos e estou bem ciente do quanto são imprecisos.
- A ideia de que eventos climáticos extremos tornaram-se mais frequentes talvez seja decorrente da grande divulgação desses eventos. Os autores afirmam que mesmo esses resultados dependem do período analisado; por exemplo, a inclusão do verão excepcionalmente quente que houve na Europa em 2003. (McKitrick et al. 2007, 25)
- Embora o nível do mar, analisado globalmente, tenha tido uma elevação de aproximadamente 120 metros nos vários milênios que se seguiram ao último pico glacial, esse nível estabilizou-se há anos entre 3000 e 2000 (McKitrick et al., 2007, 28). Nos últimos 2000 anos, a mudança foi próxima de zero. Dados atuais sugerem uma elevação média global entre dois e três milímetros ao ano. (McKitrick et al., 2007, 28)
- A maior parte das geleiras alpinas da Terra recuaram ou desapareceram entre 9000 e 6000 anos atrás e começaram a aumentar desde então, até o século XIX" (McKitrick et al., 2007, 30). Só então passaram a recuar novamente, embora esse recuo tenha cessado nos últimos anos.
- Durante grande parte dos últimos 100 milhões de anos, senão em sua totalidade, as temperaturas foram mais elevadas do que no presente, incluindo um intervalo extremamente quente, ocorrido há cerca de 50 milhões de anos (McKitrick et al. 2007, 34). A última grande glaciação ocorreu 21.000 anos atrás.
- As pesquisas atuais rejeitam por completo a hipótese da flutuação do "taco de hóquei" nas temperaturas globais dos últimos mil anos, a qual serviu de base para o Terceiro Relatório do IPCC, em 2001.

- O quarto relatório do IPCC também mostra que diferentes modelos podem produzir resultados que divergem em um fator superior a dez nas escalas temporais (climáticas) extensas superiores a 100 meses. (McKitrick et al. 2007, 39)
- Apesar de todas as incertezas, é possível que o aumento da temperatura e de níveis de CO_2 irá causar uma elevação do nível do mar de aproximadamente 20 centímetros, com uma margem de erro de dez centímetros, nos próximos 100 anos. (McKitrick et al. 2007, 45)
- A definição de mudança climática pressupõe uma imobilidade no sistema climático, o que não corresponde à realidade, pois o clima está sujeito a variações naturais em todas as escalas temporais, desde dias até séculos. (McKitrick et al. 2007, 47)
- É de crucial importância a conclusão irrefutável de que dadas as incertezas em questão, atribuir mudanças climáticas à ação do homem é, em última instância, uma avaliação subjetiva. (McKitrick et al. 2007, 51)
- Igualmente importante é o fato de que não há nenhuma prova irrefutável de que mudanças perigosas ou sem precedentes estão a caminho. (McKitrick et al. 2007, 52)
- O estudo conclui com o seguinte: é inevitável continuar a haver incerteza quanto ao grau com que os seres humanos estão contribuindo para as mudanças climáticas futuras. (McKitrick et al. 2007, 52)

Acredito que é impossível ignorar essa análise. Michael Crichton (2005) fez uma análise semelhante e detalhada do relatório do IPCC. Realizou a tarefa analisando cuidadosamente frases isoladas do relatório, um método que muito aprecio. É preciso analisar tanto as frases quanto seu sentido. As pessoas não costumam fazer isso. Infelizmente, ninguém reflete com cuidado sobre afirmações como as seguintes: **"o clima pode ser parcialmente previsível"**, **"o atual estado da ciência é tal que só é possível fornecer exemplos ilustrativos dos possíveis cenários futuros"**, ou **"a complexidade de modelos climáticos deixa margem para componentes subjetivos em sua avaliação"**. Todas estas frases, enfatizadas por Crichton, são retiradas do terceiro relatório do painel da ONU (IPCC, 2002).

Seriam esses exemplos convincentes para meus leitores? **Para mim, são bastante convincentes!**

Esta é uma questão que não tem somente dimensão temporal, mas também espacial, pois os processos sob análise são claramente assimétricos, e nem estão distribuídos igualmente pelo planeta. **O aquecimento global futuro repre-**

senta uma vantagem ou uma desvantagem para todos, para uma maioria, para uma minoria? Aparentemente, ele seria benéfico para alguns e maléfico para outros. A elevação do nível do mar poderia ser prejudicial para os habitantes das pequenas ilhas no Pacífico, sobre as quais Crichton escreveu de modo bastante persuasivo em suas obras de ficção (não de ficção científica). Por outro lado, a elevação da temperatura poderia fazer com que grande parte da Sibéria – que é milhares de vezes maior que as ilhas mencionadas – se tornasse **habitável**. Thomas C. Schelling (2002a), ganhador do prêmio Nobel de Economia, diz: "Há milhares de anos, as populações fazem migrações e percorrem grandes distâncias, passando por mudanças climáticas maiores do que as previstas".

Motl (2007a, 8) também tem algo interessante a dizer sobre a questão: "Ninguém sabe explicar por que o aquecimento global tem ocorrido no hemisfério Norte e não no hemisfério Sul, no decorrer dos últimos 25 anos. Ninguém sabe a razão do resfriamento dos oceanos entre 2003 e 2005, ou por que a Groenlândia tem esfriado desde a década de 1930, ou por que 2006 foi tão mais frio que 2005, ou por que a temperatura média global diminuiu entre as décadas de 1940 e 1970, quando a humanidade emitia quase tanto dióxido de carbono quanto emite hoje".

A novidade, para mim, foi a afirmação de Motl (2007a, 8) de que: "O aquecimento global está acontecendo não só na Terra mas também em Marte, Júpiter, Saturno e até mesmo em Plutão!" Um amigo me disse que se essa assertiva for verdadeira, nem seria necessário escrever este livro. Bastaria entoar essa única frase repetidamente.

Devido aos avanços tecnológicos, aumento da riqueza e da capacidade de organização de cada país, não há dúvida de que a competência de diferentes países e regiões do mundo adaptarem-se à situação será, em grande medida, desigual. É um erro extrair conclusões antes do tempo.

Seria proveitoso começar a debater seriamente todas essas questões sem ceder aos ditames do politicamente correto. Certa vez, deparei-me com uma citação de Wolfgang Pauli, ganhador do prêmio Nobel de Física, sobre outro assunto, outra teoria: "Essa teoria não tem valor algum. Afinal, ela sequer está errada!" **A teoria do aquecimento global e a hipótese sobre sua causa, amplamente disseminada hoje em dia, podem estar erradas, talvez nem tenham valor algum, mas são, de qualquer modo, extremamente perigosas.**

Capítulo 7

O Que Fazer?

A resposta é nada • A motivação dos socialistas e ambientalistas para criar regulamentações e planejar é contraproducente • Precisamos que se dê prioridade à liberdade humana no debate • O crescimento econômico é a solução para os problemas ambientais • O que os indivíduos podem fazer para reduzir os danos ao meio ambiente • Os danos causados pelas intervenções em nome da ecologia, em particular o Protocolo de Kyoto •O que *não* devemos fazer

A primeira resposta e, de fato, a mais razoável para a pergunta do título deste capítulo é **"nada"**, ou melhor, **"nada de mais"**. É preciso permitir que a espontaneidade da atividade humana – livre das amarras por aqueles que pregam verdades absolutas – siga seu curso natural, pois, caso contrário, tudo ficará pior. O resultado total das ações independentes de milhões de indivíduos racionais e bem-informados – sem a intervenção de nenhum gênio ou ditador – é muito melhor que qualquer tentativa deliberada de planejar o desenvolvimento da sociedade humana.

O **comunismo** demonstrou que as ambições humanas megalomaníacas, a arrogância e falta de humildade sempre têm consequências ruins. Embora a estrutura da sociedade humana seja, até certo ponto, resistente, embora tenha seus mecanismos de defesa naturais e possa suportar muito (assim como a própria natureza), todas as tentativas de controlar os ventos e a chuva revelaram-se, até o momento, muito custosas e ineficazes a longo prazo, e tiveram efeitos devastadores para a liberdade. As tentativas dos ambientalistas não têm como levar a resultados diferentes. Em qualquer sistema complexo (como, por

> Não somos "céticos" quanto ao aquecimento. É possível aceitar o consenso geral sobre a existência de um aquecimento global e ainda assim ter questionamentos válidos sobre sua extensão, suas consequências e sobre quais seriam as maneiras adequadas de agir a respeito. Em particular, é possível continuar sendo um cético quanto às **medidas** *preventivas*, que é o que somos hoje, exatamente como quase todos os economistas.
>
> Steven F. Hayward e Kenneth P. Green (2007, 1) American Enterprise Institute

exemplo, a sociedade, a economia, a linguagem, o sistema legal, a natureza ou o clima), toda tentativa desse tipo está condenada ao fracasso. A humanidade já teve essa experiência e, assim como no caso das diversas "revoltas das massas" (como Ortega y Gasset coloca em seu famoso livro *La Rebelión de las Masas*), já tentou esquecê-la diversas vezes. Nesta nossa parte do mundo, estamos bem cientes disso, ou pelo menos deveríamos estar.

Os socialistas, de um lado, e os ambientalistas, de outro, costumeiramente acreditaram que quanto mais complexo um sistema for, mais difícil é deixá-lo à própria sorte e mais ele precisa ser **dominado**, **regulado**, **planejado** e **projetado**. Isso não é verdade. Ludwig von Mises e Friedrich A. Hayek (e toda a escola austríaca de Economia) demonstraram – para alguns, talvez de maneira pouco intuitiva – que ocorre justamente o contrário. É possível controlar e projetar apenas sistemas simples, não sistemas complexos.

Um sistema complexo não tem como ser organizado de modo eficaz por meio de um plano pré-calculado (ou "desígnio humano", usando a terminologia de von Mises). A única maneira adequada de criá-lo, sem erros desastrosos, é por meio da "ação humana" (que é, afinal, o título do livro mais importante de von Mises) de fato livre, ou seja: pela combinação do comportamento de milhões ou bilhões de indivíduos. Esse parâmetro conceitual fundamental também se aplica às questões ambientais, incluindo aí o aquecimento global.

Mencionei a "ação livre do homem", isto é, a **liberdade**. Isso não é uma expressão vazia e nem uma declaração perfunctória de fé da minha parte. Enfatizei diversas vezes que a questão resume-se à liberdade, não à natureza (ou ao clima). Há pessoas que tentam deliberadamente dificultar o debate sobre essa questão. Os ambientalistas continuam a empurrar o termo "meio ambiente", mas ninguém fala sobre a liberdade humana. Há alguns anos, sugeri que discutíssemos, em vez disso, o "meio ambiente para a vida", o que deslocaria (ao menos até certo ponto) a questão de um foco exclusivo na natureza para um foco na sociedade e na sua organização. Concordo plenamente com William C. Dennis, do Liberty Fund, que argumentou: "O melhor ambiente para os seres humanos é o ambiente da liberdade" (Dennis, 2000). Insisto que esse é o único parâmetro com o qual deveríamos realmente avaliar todas as exigências e conceitos categóricos dos ambientalistas.

> O direito de ter filhos deveria ser um bem negociável, comprado e negociado pelos indivíduos, mas limitado totalmente pelo Estado.
>
> Kenneth Boulding (1910–1993)
> Professor de Economia, University of Colorado, Boulder (*apud* Horner, 2007, 31)

O atual debate sobre o aquecimento global é, portanto, essencialmente um debate sobre a liberdade. Os ambientalistas adorariam subjugar todos os aspectos possíveis (e impossíveis) de nossas vidas.

Este livro não sugere de modo algum que, ao rejeitar a maior parte das propostas dos ambientalistas, não deveríamos encorajar e estimular maior consciência, sensibilidade e atenção para os problemas ecológicos. Esta obra não pretende sugerir que as pessoas não podem ou não devem fazer inúmeras coisas com maior sensibilidade ecológica, ou seja, de maneira bem melhor do que fazem hoje em dia. E também não quer dar a entender que não é possível ou necessário adotar políticas razoáveis – e, com isso, quero dizer não ambientalistas – de proteção ao meio ambiente (Assim como precisamos de políticas sociais, mas sem socialistas.).

Não é necessário limitar rigorosamente ou proibir tudo com ordens vindas "de cima" ou – o que poderia ser visto como uma medida mais liberal – elevar os preços de maneira preventiva. É absolutamente desnecessário desestimular o crescimento econômico, pois apenas o crescimento econômico pode dar conta dos problemas ecológicos que estão surgindo (e, a longo prazo, solucioná-los). Graças aos dois fatores principais discutidos no capítulo 3 – a saber: (a) o progresso tecnológico; e (b) a possibilidade, resultante desse fator, de ter mais cuidado com a natureza e aumentar a riqueza da sociedade –, o crescimento econômico faz com que a demanda deixe de ser por bens de subsistência e passe a ser por bens de luxo. E, entre eles, a proteção ao meio ambiente está no topo da lista.[1]

Continuemos voltando nossa atenção para os milhares de pequenas coisas que podemos fazer. Desligar luzes que estão acesas sem necessidade. Evitar

---

1 Com o aumento da riqueza, as pessoas não se comportam da maneira descrita por Veblen — ou, para sermos mais precisos, **não apenas** da maneira como ele descreve. (Ver *The Theory of the Leisure Class*, de Thorstein Veblen, publicado originalmente em 1899.)

desperdiçar energia com aquecimento desnecessário ou – ainda mais insensato – com resfriamento, quando muitas vezes abrir a janela já é o bastante. Resistir a cercar-se de *gadgets* (engenhocas) inúteis – isto é, de aparelhos eletrônicos desnecessários que desviam nosso foco e nossa atenção. Não comprar o maior carro possível. Não considerar o transporte público de "transporte para os menos privilegiados", algo que considero bastante ofensivo. Não ostentar nossos bens e posses materiais, principalmente produtos importados de locais muito remotos.

Há pouco tempo, estive no Japão e lá visitei a cidade de Beppu, na ilha de Kyushu, conhecida por suas fontes minerais. Durante o jantar, tomamos uma excelente água mineral, a qual brota do chão praticamente na ilha inteira; mas, no dia seguinte – quando almoçávamos na muito cosmopolita universidade local –, serviram-nos água da marca francesa Evian. Pensei no quanto é trabalhoso, em termos ecológicos, transportar água comum em garrafas pesadas de vidro, atravessando metade do globo, até um local que já possui água em quantidade mais do que suficiente. E ouso dizer que a água local era melhor. É exatamente isso que é a ecologia: **uma maneira consciente de lidar com a natureza**.

Além de milhares de pequenos atos, podemos também fazer algumas coisas de maior importância. Tenho em mente coisas de natureza sistêmica, não especificamente ecológica. É necessário criar (ou evitar a destruição ou desintegração de) um sistema social que seja capaz de: a) proteger a liberdade do homem por meio de mecanismos políticos democráticos; e b) proteger a racionalidade econômica por meio de seus mecanismos econômicos dominantes (isto é, preços flexíveis, de mercado) e que defina claramente os direitos de propriedade. Tal sistema está atrelado à racionalidade ecológica e representa o único caminho para a prosperidade (e para a riqueza).

> Todo cidadão tem uma cota anual de dióxido de carbono, que ele consome ao comprar gás, eletricidade, gasolina e passagens de trem ou de avião. Se a cota acabar, ele precisa comprar o restante de alguém que utilizou menos que sua cota.
>
> George Monbiot (2006)
> Jornalista britânico
> *The Guardian*

Uma análise detalhada dessas questões escaparia ao propósito e à capacidade deste pequeno livro. Nossa experiência com o comunismo, contudo, ensinou-nos muito sobre as causas dos problemas ecológicos. Consideramos, assim, que não poderia ser mais irracional a crítica de ambientalistas ao mercado, aos preços, à propriedade privada e ao lucro, crítica que declara esses fatores os culpados pelos problemas ecológicos do mundo de hoje. Em teoria, muitos de nós há muito estamos cientes – e espera-se que a experiência do comunismo tenha também convencido a outros – de que, sem o mercado, sem preços, sem propriedade privada e sem lucro, nem os seres humanos e nem a natureza poderão receber um tratamento decente.

Tais pré-requisitos sistêmicos são uma coisa; intervenções ecológicas concretas são outra. Não falo do comportamento humano normal e racional, motivado pelo interesse próprio, mas de proibições totais de produtos químicos (como a infame história da proibição do pesticida DDT); sobre a radical diretriz europeia REACH [sigla para *Registration, Evaluation, Authorization, and Restriction of Chemicals* (Registro, Avaliação, Autorização e Restrição de Produtos Químicos)]; sobre a construção compulsória de moinhos de vento; e sobre os limites para a emissão de escapamento dos veículos motorizados. O ápice de tudo isso, contudo, é o Protocolo de Kyoto, o qual sem dúvida foi um erro fatal pelos seguintes motivos:

- O Protocolo de Kyoto define objetivos desnecessários, pois existe muita controvérsia no debate sobre as mudanças climáticas.
- O Protocolo de Kyoto soluciona o insolúvel, pois nem efeitos exógenos nem processos naturais endógenos podem ser "solucionados".
- O Protocolo de Kyoto inibe o crescimento econômico, e ele é a única garantia de que poderemos lidar com os desafios futuros, incluindo os problemas ecológicos.
- Mesmo se todos aderirem ao Protocolo de Kyoto, ele não terá efeito significativo.
- O protocolo de Kyoto desvia a nossa atenção de outras prioridades "solucionáveis" do mundo atual, maiores e mais urgentes.

S. Fred Singer (2006, 1) faz sérias objeções às tentativas de "estabilizar o clima", o que seria, em sua opinião, absurdo, já que "o clima sempre passou por mudanças (...) embora não tenha, via de regra, passado por grandes mudanças desde o começo da história". O clima como um todo demonstra ter "incrível estabilidade, mesmo com grandes variações nos níveis atmosféricos dos gases causadores do efeito estufa, como o dióxido de carbono" (que, há 500 milhões de anos, estava mais de dez vezes acima do nível atual e vem diminuindo desde então). É por isso que ele considera que qualquer tentativa de estabilizar o clima pelo método de "equilibrar a concentração dos gases causadores do efeito estufa na atmosfera" (Singer, 2006, 9) está completamente equivocada. Singer endossa a opinião do IPCC, de que "seria necessária uma redução entre 60%

> Por que deveríamos dedicar nossos escassos recursos ao que é, em essência, um não-problema, e ignorar os problemas reais que o mundo enfrenta: a fome, as doenças, o desrespeito aos direitos humanos – isso para não mencionar as ameaças de terrorismo e guerras nucleares?
>
> S. Fred Singer (2007)
> Físico atmosférico, da University of Virginia.

e 80% em todo o mundo para estabilizar o nível de dióxido de carbono na atmosfera" (Singer, 2006, 4). Uma redução desse tipo sequer faz parte do Protocolo de Kyoto, porque não seria factível. A única coisa que se conseguiria com um projeto tão caro e ambicioso seria "atrasar em seis anos a elevação dos níveis dos gases causadores do efeito estufa" (Singer, 2006, 4). O efeito sobre o clima propriamente dito seria completamente desprezível, correspondendo a dois ou três décimos de grau Celsius, o que sequer pode ser medido com um termômetro comum.

Bjørn Lomborg (2007) tem opinião semelhante sobre os efeitos possíveis do Protocolo de Kyoto. Em entrevista para o *ICIS Chemical Business*, ele afirma que, se o Protocolo de Kyoto fosse implementado em sua totalidade durante todo o restante deste século, "o aquecimento global em 2100 seria adiado em cinco anos (...) Ou seja, teríamos em 2105 a temperatura programada para 2100".

Outro cientista igualmente renomado, Patrick J. Michaels (2007), diz quase o mesmo em seu artigo *Live with Climate Change* (*Viva com a Mudança Climática*, em tradução livre): "Se todos os países do mundo cumprissem as metas do Protocolo de Kyoto das Nações Unidas quanto ao aquecimento global, estaríamos evitando um aquecimento de não mais que 0,126 graus Fahrenheit a cada 50 anos." Sua conclusão é, portanto, ainda mais forte que a de Singer: "Em termos climáticos, o Protocolo de Kyoto não tem a menor relevância".

Receio que os espectadores do filme de Al Gore não estejam cientes de nada disso, e que também não aprenderão nada disso ao assistir ao filme. E exatamente esta a questão. Não é uma questão de não se importar com a natureza. Concordo com Michaels (2007) quando afirma que temos mais tempo neste planeta do que afirmam sem parar os ambientalistas mais alarmistas. Sua conclusão é também bastante convincente: "Uma vez que o aquecimento já está estabelecido, ele tende a acontecer a uma taxa constante, mas não crescente. Felizmente, essa taxa tem sido incrivelmente constante, de 0,324 graus Fahrenheit por década, desde o início do aquecimento, em 1975." Concordo particularmente com sua conclusão mais importante, que está ligada à primeira frase da conclusão deste livro: "A melhor política é conviver com as mudanças climáticas moderadas do presente e encorajar o desenvolvimento econômico, que irá gerar capital necessário para investimento em tecnologias mais eficientes no futuro." Em outras palavras: dizer **"sim"** para a proteção do **meio ambiente**, **"não"** para o **ambientalismo**.

* * *

Então, o que podemos fazer?

- Lutar em prol da liberdade, não pelo meio ambiente.
- Não dar lugar de destaque para as mudanças climáticas em detrimento das questões fundamentais da liberdade, democracia e bem-estar do ser humano.
- Em vez de organizar as pessoas "de cima para baixo", deixar que cada uma delas leve a vida como quiser.
- Não ceder às tendências da moda.
- Não permitir que haja uma politização da ciência, nem aceitar a ilusão de um "consenso científico", o qual sempre é alcançado por uma minoria ruidosa, não por uma maioria silenciosa.
- Adotar uma postura atenta à natureza e exigir o mesmo daqueles que são mais vocais sobre a proteção do meio ambiente.
- Adotar uma postura de humildade, embora confiante, na espontânea evolução da sociedade humana. Confiar na racionalidade implícita e não criar subterfúgios para diminuí-la ou desviá-la.
- Não se assustar com as previsões catastróficas ou usá-las para defender e estimular intervenções irracionais sobre vidas humanas.

Um dos primeiros livros que publiquei, no início da década de 1990, tinha o título *Não Aprecio as Previsões Catastróficas*. No prefácio, escrevi o seguinte: "Nesta nossa era presente, bastante caótica, desejo espalhar uma mensagem de otimismo, autoconfiança e confiança na força interior de cada indivíduo, bem como em nossa capacidade 'coletiva' de encontrar saídas, de encontrar soluções possíveis." E é exatamente isso que este livro almeja.

Enquanto terminava este último parágrafo, a Associated Press publicou um comunicado à imprensa a respeito de um membro da delegação belga para o Painel Intergovernamental, chamado Julian Vandeburie. Ele comparou a situação atual no mundo com a da Conferência para Paz de Munique, em 1938, dizendo: "Estamos vivendo a mesma situação." Pelo jeito, essas pessoas de fato não entendem nada, mas o resto de nós pode ao menos tentar.

Apêndice A

Respostas a Perguntas feitas pela Câmara dos Representantes do Congresso dos EUA, do Comitê sobre Energia e Comércio, a respeito da Questão da Contribuição do Ser Humano para o Aquecimento Global e a Mudança Climática

Em relação à contribuição do ser humano para a mudança climática e sobre cumprir as obrigações que visam o bem-estar de nossos cidadãos: o que, na sua opinião, as autoridades devem levar em conta ao abordar as mudanças climáticas?

As chamadas mudanças climáticas, principalmente se ocasionadas pelo homem, tornaram-se um dos argumentos mais perigosos para aqueles que tencionam distorcer as iniciativas humanas e as políticas públicas em todo o mundo.

Não tenho a ambição de acrescentar novos argumentos ao debate da ciência climatológica a respeito desse fenômeno. Contudo, estou convencido de que até o momento o debate científico ainda não foi abordado de maneira suficientemente séria e meticulosa e também não foi capaz de dar uma base sólida o suficiente para justificar as medidas adotadas pelas autoridades. O que mais me preocupa é o modo com que os tópicos ambientais foram utilizados por certos grupos de pressão política para atacar os princípios fundamentais subjacentes a uma sociedade livre. E é perceptível que, no debate sobre o clima, não estamos testemunhando um choque de opiniões, e sim um choque de diferentes posicionamentos a respeito da liberdade humana.

Como alguém que viveu sob o regime comunista durante grande parte da vida, sinto-me obrigado a dizer que a maior ameaça à liberdade, à democracia, à economia de mercado e à prosperidade, no começo do século XXI, não é o comunismo ou suas variações mais amenas. O que tomou o lugar do comunismo foi a ameaça representada **ambientalismo** sedento de ambições. Essa ideologia tem como foco de seu discurso a Terra e a natureza e, sob o disfarce de palavras de ordem (à maneira dos antigos marxistas) da proteção do planeta e da natureza, ela deseja substituir a livre e espontânea evolução da humanidade por uma espécie de planejamento central (agora global) do mundo inteiro.

Os ambientalistas consideram suas ideias e argumentos uma verdade irrefutável e fazem uso de sofisticados métodos de manipulação dos veículos de comunicação e de campanhas publicitárias para pressionar as autoridades e alcançar seus objetivos. Sua argumentação baseia-se na tática de espalhar o medo e o pânico ao declarar que o futuro do planeta encontra-se seriamente ameaçado. Nessa atmosfera generalizada, continuam a pressionar as autoridades para que adotem medidas pouco liberais; a impor limites, regulamentações, proibições e restrições, todos arbitrários, sobre atividades humanas comuns e cotidianas; e sujeitar a população a decisões burocráticas, que influenciam toda a sociedade. Ou, como melhor descreve Friedrich Hayek, tentam **impedir a ação humana livre** e espontânea e procuram substituí-la por seus próprios desígnios, bastante humanos e de origem bastante duvidosa.

O paradigma do modo de pensar ambientalista é completamente estático. Eles ignoram o fato de que tanto a natureza quanto as sociedades humanas estão num processo constante de mudança, e que não existe, nem nunca existiu, um estado ideal do mundo em relação às condições naturais, ao clima, à distribuição das espécies na Terra etc. Eles ignoram o fato de que o clima passou e vem essencialmente passando por mudanças durante toda a existência de nosso planeta, e de que existem provas de grandes flutuações climáticas até mesmo na história já documentada. Seu raciocínio baseia-se em observações incompletas e de pouca duração em termos históricos, em séries de dados que não dão embasamento às conclusões catastróficas a que os ambientalistas chegaram. Eles ignoram a complexidade dos fatores que determinam a evolução do clima e depositam a culpa na atual população e em toda a civilização industrial, concluindo que são os responsáveis por mudanças climáticas e por outros danos ambientais.

Ao concentrarem-se na contribuição do ser humano para a mudança climática, os ambientalistas exigem ações políticas imediatas que possam limitar o crescimento econômico, o consumo ou as atividades humanas que eles considerem maléficas. Não acreditam na futura expansão econômica da sociedade, ignoram que as gerações futuras irão desfrutar do progresso tecnológico e ignoram o fato concreto de que, quanto maior a riqueza de uma sociedade, melhor é a qualidade do meio ambiente.

As autoridades são forçadas a acompanhar essa histeria, motivada pelos veículos de comunicação, baseada em teorias especulativas e sem dados concretos e a adotar programas extremamente dispendiosos. Esses programas acabam por desperdiçar recursos escassos, cuja intenção é a de impedir mudanças climáticas provavelmente inescapáveis, causadas não pela atividade humana, e sim por diversos processos naturais exógenos e endógenos (como, por exemplo, flutuações na atividade solar).

Minha resposta à sua primeira pergunta (o que as autoridades devem levar em conta ao abordar as mudanças climáticas) é que as autoridades devem, sob todas as circunstâncias, ater-se aos princípios nos quais se baseia uma sociedade livre, e que não devem transferir o direito de escolher e decidir das mãos da população para nenhum grupo de pressão que afirme saber o que é melhor para a população do que ela mesma. As autoridades deveriam proteger o dinheiro dos contribuintes e evitar desperdiçá-lo em projetos duvidosos, incapazes de gerar resultados positivos.

Como as medidas estratégicas deveriam abordar a taxa de crescimento das mudanças climáticas e suas consequências, e até que ponto deveria a regulamentação da emissão dos gases causadores do efeito estufa ser o foco de tais medidas?

As medidas deveriam avaliar o potencial da nossa civilização em comparação com o poder das forças naturais em influenciar o clima. É evidentemente um desperdício dos recursos da sociedade tentar combater um aumento da atividade solar ou o movimento das correntes do oceano. Nenhuma ação por parte do governo pode impedir que o mundo e a natureza mudem. Portanto, discordo de planos como o Protocolo de Kyoto e iniciativas semelhantes, que estabelecem objetivos arbitrários e exigem gastos absurdos, sem nenhuma previsão realista de que tais medidas venham de fato a ser bem sucedidas.

Se aceitarmos o aquecimento global como um fenômeno real, acredito que devemos abordá-lo de modo completamente diferente. Em vez de tentativas infrutíferas de combatê-lo, devemos nos preparar para suas consequências. Se a atmosfera de fato aquecer, os efeitos não precisam ser todos necessariamente negativos. Embora alguns desertos possam ficar maiores e algumas partes litorâneas possam ficar inundadas, áreas enormes da Terra, que até agora estavam vazias devido a um clima frio e rigoroso, podem tornar-se férteis e acomodar milhões de pessoas. Também é importante ressaltar o fato de que nenhuma mudança planetária ocorre da noite para o dia.

Assim, estou admoestando contra a adoção de regulamentações baseadas no chamado **princípio da precaução**, que é usado pelos ambientalistas para justificar suas recomendações e cujas vantagens eles não são capazes de provar. Uma política responsável deve levar em conta os custos de oportunidade de tais propostas e estar ciente do fato de que medidas ambientalistas dispendiosas são adotadas em detrimento de outras medidas, negligenciando, assim, as inúmeras e prementes necessidades de milhões de pessoas em todo o mundo. Cada medida política deve estar baseada em numa análise de custos e benefícios.

A humanidade já tem seu histórico de experiências trágicas com uma corrente intelectual bastante arrogante, a qual alegava saber como administrar a sociedade melhor do que as forças espontâneas do mercado: o comunismo. E ele fracassou, deixando em seu rastro milhões de vítimas. Agora surge um novo "ismo" que alega ser capaz de administrar até mesmo a natureza e, através dela, as pessoas. O único destino dessa arrogância excessiva, assim como nas ocasiões anteriores, só pode ser o fracasso. O mundo é um sistema complexo e sofisticado que não pode ser organizado de acordo com os desígnios humanos ambientalistas sem repetir a experiência trágica do gasto de recursos, a supressão da liberdade da população e a destruição da prosperidade de toda a sociedade humana.

Assim, recomendo prestar atenção aos milhares de pequenas coisas que influenciam negativamente a qualidade do meio ambiente e a proteger e estimular fatores sistêmicos fundamentais sem os quais a economia e a sociedade não podem operar de maneira eficiente (ou seja, para garantir a liberdade humana e princípios econômicos básicos, tais como o livre mercado, um sistema de preços funcional e direitos de propriedade claramente definidos. Tais elementos motivam os agentes econômicos a se comportar de maneira racional. Sem eles, nenhuma política é capaz de proteger nem os cidadãos e nem o meio ambiente.

As autoridades devem resistir às tentativas ambientalistas de buscar novas políticas porque existem muitas incertezas nos debates científicos a respeito da mudança climática. É impossível controlar os fatores naturais que causam tal mudança. O impacto negativo das propostas de regulamentação do crescimento econômico faz com que ignoremos todos os outros riscos possíveis, inclusive os ambientais.

Em relação às medidas políticas a serem adotadas e das quais o senhor tem conhecimento, qual será seu efeito sobre a economia, o bem-estar do consumidor, a criação de empregos e potencial de inovação de cada país?

Se as autoridades aceitarem as exigências dos ambientalistas, as quais são movidas por **grandes interesses políticos**, os efeitos sobre a economia de cada país serão devastadores. Isso acabaria estimulando partes muito pequenas da economia, deixando a maior parte sufocada pelos limites, regulamentações e restrições artificiais. A taxa de crescimento iria diminuir e a competitivade das empresas que atuam no mercado internacional seria gravemente afetada. Haveria impactos negativos, como desemprego e pouca geração de empregos. Somente políticas racionais podem justificar a intervenção por parte do governo, já que possibilitam ajustes espontâneos.

Qual será o impacto e a eficácia das chamadas políticas *cap and trade* (políticas de limitação e negociação) sobre a redução das ameaças da mudança climática e a nossa capacidade de lidar com essas ameaças no futuro?

As políticas de limitação e negociação são uma ferramenta técnica para atingir as metas de redução da poluição utilizando-se um meio mais compatível com o mercado. Elas podem vir a auxiliar se forem movidas por princípios racionais. Mas não acredito que a ideia de combater a mudança climática através de limites à emissão seja racional. Portanto, considero os aspectos técnicos de sua possível implementação como algo de menor importância.

Qual a obrigação moral dos países desenvolvidos para com os países em desenvolvimento em todo o mundo? Os países desenvolvidos deveriam dar início a esquemas de larga escala para a redução de emissões enquanto países em desenvolvimento têm permissão para dar continuidade às suas emissões?

A obrigação moral dos países desenvolvidos para com os países em desenvolvimento é a de criar um ambiente tal que possa garantir a livre troca de bens, serviços e fluxo de capital, que permita a utilização das vantagens relativas de cada país e, assim, estimule o desenvolvimento econômico dos países menos desenvolvidos. As barreiras, limites e regulamentações artificiais impostas pelos países em desenvolvimento acabam por discriminar os países em desenvolvimento, o que afeta seu crescimento econômico e prolonga o período de pobreza e subdesenvolvimento. As propostas ambientais são um exemplo perfeito dessas políticas pouco democráticas, as quais são muito nocivas para os países em desenvolvimento. Eles não serão capazes de lidar com os limites e padrões impostos ao resto do mundo por políticas ambientais irracionais, não serão capazes de absorver os novos padrões tecnológicos exigidos pelos dogmas da religião contra o efeito estufa, seus produtos terão dificuldade de penetrar no mercado internacional e, como resultado, a disparidade entre eles e os países desenvolvidos ficará ainda maior.

É uma ilusão acreditar que as políticas rigorosas para coibir as mudanças climáticas ficarão limitadas aos países desenvolvidos. Se as políticas dos ambientalistas forem adotadas por esses países, mais cedo ou mais tarde suas ambições de controlar e gerenciar todo o planeta irão implementar os requisitos necessários para reduzir as emissões em todo o resto do planeta. Os países em desenvolvimento serão forçados a aceitar metas e limites irracionais porque a **"Terra vem em primeiro lugar"** e as necessidades de cada um deles são secundárias. A argumentação dos ambientalistas dá munição a protecionistas de todos os matizes, os quais tentam eliminar a competição dos países recém-industrializados. **Portanto, a obrigação moral dos países desenvolvidos é a de não implementar planos de larga escala para a redução de emissões!**

Apêndice B

A Absurda Reação
dos Ativistas Ambientais

Agora já deve estar bem claro que o ambientalismo ativista (ou o ativismo ambientalista) está se tornando uma **ideologia generalizada que engloba** os seres humanos, sua liberdade, a relação entre o indivíduo e o Estado e a manipulação de pessoas, tudo isso sob o disfarce de uma ideia com aspirações "nobres". Não é uma busca honesta pelo "desenvolvimento sustentável", uma questão de proteção ao meio ambiente ou uma busca por mecanismos racionais com a intenção de gerar um ambiente mais saudável. Mas nesse ambiente existem acontecimentos tão absurdos que somos obrigados a nos lembrar de que não, não vivemos na era comunista de Joseph Stalin e nem na utopia orwelliana de 1984, por mais que pareça ser este o caso.

Em 2001, a altamente conceituada editora Cambridge University Press publicou uma obra de autoria do escritor dinamarquês Bjørn Lomborg, intitulada *The Skeptical Environmentalist* (*O Ambientalista Cético*). É um livro de leitura fluida, acessível a públicos diversos. A obra é, de fato, um meticuloso estudo estatístico sobre o estado atual do meio ambiente. É um livro que não traz nenhuma revelação revolucionária para os leitores já familiarizados com o assunto, nada que eles já não saibam por outras fontes. A conclusão da obra é que os problemas do meio ambiente podem ser solucionados numa sociedade desenvolvida e próspera somente por meio da riqueza e da tecnologia, e não por estimativas catastróficas que exigem medidas implementadas num nível global, as quais desaceleram o crescimento econômico e a evolução natural das sociedades humanas. Assim, a obra é **otimista**, o que a torna bem diferente das obras tradicionalmente pessimistas dos defensores do meio ambiente. O livro também está repleto de informações sobre como os ambientalistas exageram diversas ameaças, como escolhem estatísticas tendenciosas e como transmitem informações equivocadas ao público em geral. Mas o meu objetivo, aqui, não é fazer uma resenha do livro de Lomborg, e sim chamar atenção para algo que considero mais interessante.

Existem muitas obras semelhantes, mas nenhuma delas provocou tamanha retaliação e tamanho ódio. Talvez porque o autor seja um defensor da causa, alguém cujo objetivo é proteger o meio ambiente. Ou seja: ele é alguém "de dentro". Tal fato gerou uma reação incrível e também tentativas inacreditáveis de silenciar o livro (e seu autor). Permitam que eu dê um último e derradeiro exemplo. O Comitê Dinamarquês para Combater a Desonestidade Científica (que conceito mais orwelliano!) condenou a obra por divergir das práticas científicas consideradas corretas. Essa opinião unilateral, em um grupo composto por vários adversários de Lomborg, desencadeou uma reação na forma de uma carta aberta, assinada por 300 acadêmicos dinamarqueses, manifestando-se contra essa conclusão; mas ataques desse tipo — sem precedentes num mundo em que centenas de livros científicos de qualidade variável são publicados diariamente — ainda continuam.

O famoso ativista ecológico Paul Ehrlich, que escreveu *The Population Bomb* (*A Bomba Populacional*), em 1968 — livro que hoje em dia é considerado (por todos, espero) um absurdo completo —, chegou ao ponto de acusar a Cambridge University Press de não fazer a avaliação da obra antes de sua publicação, alegação que se provou totalmente falsa, e que foi refutada de maneira explícita e inconfundível.

Essa sequência de eventos indica que os ativistas em prol do meio ambiente não querem que as pessoas leiam a obra de Lomborg porque ela mostra de modo muito convincente como eles manipulam os fatos e chega a conclusões diferentes das suas — especificamente, que a riqueza e a tecnologia podem solucionar os problemas ecológicos. **Como isso pôde acontecer?** Por que comitês similares para analisar desonestidades científicas não atacam os erros evidentes dos ambientalistas excêntricos? Por que Paul Ehrlich e muitos outros não dizem que estavam completamente errados há 30 anos, quando, à moda neo-malthusiana, previram que o mundo seria tomado pela superpopulação antes do ano 2000? Por que Paul Ehrlich não admite que perdeu sua famosa aposta pública com Julian Simon (descrita na obra de Lomborg), na qual disputaram se a escassez dos recursos naturais estava aumentando ou diminuindo?

De minha parte, não tentei fazer uma análise da obra *The Skeptical Environmentalist*, e sim tentar explicar por que os ambientalistas a consideraram tão nefasta. O livro deveria ser publicado na República Tcheca.[1] Seria interessante ver o que os nossos ambientalistas — Patočka, Kužvart, and Moldán — teriam a dizer sobre a obra. Terei grande interesse em saber qual será sua reação.

Fevereiro de 2004

---

1   O livro foi finalmente traduzido para o tcheco e publicado em abril de 2006.

Apêndice C

É Aconselhável a Substituição da Usina Nuclear de Temelín por Usinas Eólicas?

Siglas

- MW = megawatt
- UNT = Usina Nuclear de Temelín
- UE = usina(s) eólica(s)

Dados Selecionados

Produção líquida máxima da UNT (ou seja, ignorando seu próprio consumo de energia)	1900 MW
Produção de uma UE clássica	2 MW
Uso máximo da produção de UE na Alemanha em 2006[1]	17%
Uso máximo previsto para a produção de EU na República Tcheca[2]	23%

---

1 Ou seja, durante o ano de 2006, todas as UEo da Alemanha juntas produziram apenas 17 % da produção de usinas instaladas.

2 Estimativa de uso para a construção de UEo na área de Dukovany.

Estimativas para os Cálculos

1. Para uma comparação em termos gerais, supôs-se uma UEo com produção máxima de 2 MW.
2. O tipo selecionado de UEo é um modelo KV Venti de 2 MW com as seguintes características:

Diâmetro do rotor	90 metros
Altura da torre	105 metros
Peso só da UEo	335 toneladas
Peso da base de concreto	1472 toneladas

Para este cálculo, estabelecemos uma distância mínima de 50 metros entre duas UEo (ou seja, a distância entre duas torres é de 140 metros), respeitando os parâmetros tecnológicos e de segurança.

3. A estimativa do uso viável máximo em operação da UEo — derivada da média anual de uso de UE na Alemanha em 2006 e do uso previsto de UEo na área de Dukovany, na República Tcheca — é de 20%.
4. A área mínima necessária para a construção de uma UEo é de dois hectares.

Cálculos de Referência Finais

Número de UEos cuja produção máxima = produção da UNT	950 unidades
Número de UEos cuja produção real = produção da UNT[3]	4750 unidades
Quantidade de material necessário para que a produção real das UEos = produção da UNT	8,6 milhões de toneladas
Extensão da área necessária para que a produção das UEos = produção da UNT	95 quilômetros quadrados
Comprimento da linha formada por UE situadas uma ao lado da outra e que tenham produção real = produção da UNT	665 quilômetros

---

3   Devido à instabilidade do vento, a estimativa de uso não é mesma durante todo o ano; ou seja, a energia eólica não equivale de fato à produção da UNT, a qual, se comparada com as UEos, apresenta maior estabilidade em períodos prolongados.

Possíveis Interpretações Desses Cálculos de Referência

Sob uma estimativa conservadora (favorecendo as UEos), a produção da usina de Temelín poderia ser substituída por 4750 usinas eólicas. Para construí--las, seria necessário utilizar 8,6 milhões de toneladas de material. Supondo-se que essas UE fossem construídas uma perto da outra, elas criariam uma linha com 665 quilômetros de comprimento (e 150 metros de altura), a qual corresponde aproximadamente à distância entre Temelín (situada ao sul da República Tcheca) e Bruxelas, na Bélgica!

Essa comparação não leva em conta o fato de que a estabilidade da produção real das usinas eólicas é muito baixa. Para garantir as necessidades reais de energia de uma determinada região, portanto, é indispensável que esteja disponível uma fonte tradicional de energia para servir de reserva.

Apêndice D

Discurso em ocasião da Conferência da Mudança Climática da ONU em Nova York, em 24 de setembro de 2007

Distintos colegas, senhoras e senhores:

Os políticos responsáveis sabem que precisam agir quando necessário. Sabem que é seu dever engendrar iniciativas de políticas públicas para questões que podem representar uma ameaça à população das nações que gerenciam. E eles sabem que precisam formar parcerias com colegas de outros países quando um problema não se restringe às fronteiras de suas próprias nações. Uma das principais razões para a existência de instituições como a Organização das Nações Unidas (ONU) é ajudá-los nesse aspecto.

No entanto, as autoridades políticas precisam ter certeza de que os custos de suas políticas públicas não serão maiores do que as vantagens que receberão em troca. Precisam analisar com bastante cuidado seus projetos e iniciativas. E precisam fazê-lo mesmo que isso acarrete uma queda de popularidade, mesmo que isso vá contra a maré da moda e do politicamente correto. Gostaria de parabenizar o secretário-geral Ban Ki-moon por organizar esta conferência, e desejo também de agradecer-lhe por nos dar a oportunidade de debater a importante questão das mudanças climáticas, a qual infelizmente é abordada de maneira unilateral. As consequências de reconhecer o aquecimento global como uma grande e iminente ameaça causada pelo homem são de tamanha proporção que precisamos pensar duas vezes antes de tomar qualquer decisão. E acredito que este é o momento.

Deixem-me levantar alguns aspectos para colocar a questão num contexto adequado:

1. Ao contrário do que se pensa de maneira generalizada em todo mundo, uma ideia artificial e sem embasamento, o **aumento na temperatura** do planeta tem sido (nos últimos anos, décadas e séculos) **bem pequeno**, se comparado com outros períodos da história, e seu impacto sobre os seres humanos e suas atividades é praticamente desprezível.

2. A hipotética ameaça de um futuro aquecimento global baseia-se exclusivamente em **previsões especulativas**, não em inegáveis experiências passadas ou em tendências climáticas. Essas estimativas são calculadas com base em séries de períodos relativamente curtos, com variáveis relevantes, e em modelos de previsão que se provaram pouco confiáveis ao explicar acontecimentos no passado.

3. Ao contrário de muitas declarações assertivas e que servem aos interesses de quem as faz, **não existe nenhum consenso** entre os cientistas a respeito das causas das recentes mudanças climáticas. Um observador imparcial precisa aceitar o fato de que os dois lados dessa disputa — tanto aqueles que acreditam que o ser humano desempenha um papel primordial nas mudanças climáticas recentes como aqueles que defendem a hipótese de que elas têm origem principalmente natural — possuem argumentos fortes o suficiente para ganhar a atenção da população leiga. Proclamar antecipadamente a vitória de um grupo seria um erro terrível, e receio que estamos cometendo este erro agora.

4. O resultado dessa disputa científica é que existem aqueles que reivindicam ações iminentes e aqueles que não as recomendam. O comportamento racional depende — como sempre — do tamanho e da probabilidade dos riscos e da magnitude dos custos para evitar tais riscos. Como político responsável, economista e autor de um livro sobre a economia da mudança climática, de posse de todos os dados e argumentos disponíveis, chego à conclusão de que o risco é **muito pequeno**, que os custos de eliminar essa ameaça são muito altos e que a aplicação de um **"princípio de precaução"** interpretado de maneira absolutista é uma estratégia bastante equivocada.

5. Os políticos (não estou entre eles) que acreditam na existência de um aquecimento global com consequências significativas, e principalmente aqueles que acreditam em sua origem antropogênica, dividem-se em dois grupos: alguns são a favor de **mitigar os fatores** (ou seja, controlar as mudanças climáticas globais) e estão dispostos a recorrer a uma enorme quantidade de recursos para tal, enquanto que outros confiam na **adaptação** a esses fatores, na modernização e no progresso tecnológico, e principalmente no impacto favorável de um futuro aumento na riqueza e no bem-estar da população (e preferem, assim, aplicar os recursos públicos nessas áreas). A segunda opção é menos ambiciosa e promete mais do que a primeira.

6. O problema não tem apenas uma dimensão de tempo, mas também um importante aspecto espacial (ou regional). Isso é de extrema relevância, principalmente aqui, na ONU. Diferentes níveis de desenvolvimento, renda e riqueza, em diferentes partes do mundo, fazem com que soluções universais, que valem para todo o mundo, sejam dispendiosas, injustas e, em grande medida, discriminatórias. **Os países já desenvolvidos não têm o direito de impor aos países menos desenvolvidos ainda mais esse embaraço**. É um erro estabelecer padrões ambientais com metas tão inalcançáveis e, para eles, totalmente inadequados. É uma medida que deve ser excluída das opções recomendadas para combater o problema.

As minhas recomendações são as seguintes:

I. A ONU deveria organizar dois IPCCs [Painéis Intergovernamentais sobre a Mudança Climática] paralelos e publicar dois relatórios. Eliminar o monopólio unilateral é condição *sine qua non* para que ocorra um debate racional e eficaz. Um ponto de partida necessário é o de oferecer o mesmo apoio financeiro, ou pelo menos semelhante, para os dois grupos de cientistas.

II. Cada país deve ouvir o que os outros têm a dizer e aprender com seus erros e acertos, mas cada um deles deve ter a permissão de preparar seu próprio plano para abordar o problema e decidir qual a prioridade que ele ocupa entre suas outras metas.

Devemos **confiar na racionalidade do ser humano** e no resultado da evolução espontânea da sociedade humana, não nas **virtudes do ativismo político**. Vamos, portanto, votar a favor da **adaptação**, não a favor de tentativas de **arquitetar e dominar o clima mundial**.

Bibliografia

Aranson, Peter H. 1998. *Whither the Nonprofits? Institutional Growth and Collective Action within Nonproprietary Organizations.* Palestra dada no Encontro Anual da Mont Pelerin Society, em Washington, EUA, setembro.

Balek, Jaroslav. 2006. *Hydrological Consequences of the Climatic Changes.* Journal of Hydrology and Hydromechanics 54 (4): 357-70.

Baliunas, Sallie. 2003. Presentation to the Return to Rio: Reexamining Climate Change Science, Economics, and Policy conference, American Enterprise Institute, Washington, EUA, 19 de novembro. http://www.aei.org/events/filter.all,eventID.669/event_detail.asp.

Bate, Roger e Julian Morris. 1994. *Global Warming: Apocalypse or Hot Air?* American Enterprise Institute, Washington, DC.

Biehl, Janet. 1995. *Ecology and the Modernization of Fascism in the German Ultra-Right.* Em *Ecofascism: Lessons from the German Experience,* ed. Janet Biehl e Peter Staudenmaier, 1-43. Oakland, CA: AK Press. http:// www.spunk. org/texts/places/germany/sp001630/janet.html.

Bramwell, Anna. 1989. *Ecology in the 20th Century: A History.* New Haven, CT: Yale University Press.

Brezina, Ivan. 2004. *Ekologismus jako zelené náboženství [O Ecologismo como uma Religião Verde"].* In *Trvale udržitelný rozvoj [Sustainable Development],* ed. Marek Louzek, 37-57. Praga: Center for Economics and Politics.

_____. 2007a. *Mýtus vědeckého konsensu o globálním oteplování [O Mito do Consenso Científico sobre o Aquecimento Global]*. In Chemická směrnice REACH [REACH Regulation], ed. Marek Louzek, 61-68. Praga: Center for Economics and Politics.

_____. 2007b. *Velekněz oteplovacího náboženství je nahý [O Grande Sacerdote da Religião do Aquecimento Global Está Nu]*. Mladdfronta Dues, 3 de março, All.

Brown, Jeremy. 2005. *Travelling the Environmental Kuznets Curve.* Fraser Forum, abril, 16-17. http://heartland, temp, siteexecutive.com / pdf /17008. pdf.

Bursík, Martin. 2007. *Nepodceňujme ekologická rizika [Não Subestimemos os Riscos Ecológicos]*. Em Chemická směrnice REACH [REACH Regulation], ed. Marek Louzek, 69-73. Praga: Center for Economics and Politics.

Byatt, Ian, Ian Castles, Indur M. Goklany, David Henderson, Nigel Lawson, Ross McKitrick, Julian Morris, Alan Peacock, Colin Robinson e Robert Skidelsky. 2006. *The Stern Report: A Dual Critique, Part II: Economic Aspects.* World Economics 7 (4): 199-224. http://www.staff.livjm.ac.uk/ spsbpeis / WE-STERN.pdf.

Church, John A. e Neil J. White. *A Twentieth Century Acceleration in Global Sea-Level Rise.* Geophysical Research Letters 33, L01602, doi:10.1029/2005GL024826. http://www.pol.ac.uk/psmsl/author_archive/church_white/GRL_Church_White_2006_024826.pdf.

Crichton, Michael. 2003. *Environmentalism as Religion.* Palestra proferida no Commonwealth Club, em San Francisco, Califórnia, em 15 de agosto. http://www.crichton-official.com/speech-environmentalismaseligion.html.

_____. 2004. State of Fear. New York: HarperCollins.

_____. 2005. *The Case for Skepticism on Global Warming.* Palestra proferida no National Press Club, em Washington, DC, em 25 de january. http:// www.michael crichton.net/speech-ourenvironmentalfuture.html.

Dennis, William C. 2000. *Liberty and the Place of Man in Nature.* Journal of Markets and Morality 3 (2): 190-203. http://www.acton.org/publications/ mandm/publicat_m_and_m_2000_fall_dennis.php.

Dlouhý, Jiří, ed.2003. *Sociologické a ekonomické souvislosti ekonologického problému [Os Contextos Social e Econômico do Problema Ecológico]*, Praga: Czech Environment Center, Charles University.

Ehrlich, Paul R. 1968. The Population Bomb. New York: Ballantine Books.

Ehrlich, Paul R. e Richard Harriman. 1971. How to Be a Survivor: A Plan to Save Spaceship Earth. New York: Ballantine Books.

Friedman, Milton. 1957. *A Theory of the Consumption Function*. Princeton, NJ: Princeton University Press.

Goklany, Indur M. 2007. *The Improving State of the World: Why We're Living Longer, Healthier, More Comfortable Lives on a Clean Planet*. Washington, DC: Cato Institute.

Gore, Al. 1992. *Earth in the Balance*. Boston: Houghton Mifflin.

_____. 2006a. *An Inconvenient Truth: The Planetary Emergency of Global Warming and What We Can Do about It*. London: Bloomsbury.

_____. 2006b. *Policy address on solving the climate crisis*. New York University School of Law, Nova York, 18 de september de 2006. http://www.nyu.edu/community/gore.html.

Grossman, Gene M. e Alan B. Krueger. 1991. *Environmental Impact of NAFTA*. NBER Working Paper 3914, National Bureau of Economic Research, Cambridge, MA.

Hampl, Mojmír. 2004. *Vyčerpání zdrojů: Skvěle prodejný mýtus [A Exaustão de Recursos: Um Mito Bastante Vendável]*. Praga: Center for Economics and Politics.

_____. 2007. *Sternova zpráva budí nedůvěru. [O Relatório Stern Levanta Suspeitas]*, boletim informativo do Center for Economics and Politics, Praga, fevereiro.

Hayek, Friedrich A. 1945. *The Use of Knowledge in Society American Economic Review* 35 (4): 519-30. http://www.econlib.org/Library/Essays/ hykKnwl.html.

Hayward, Steven F. e Kenneth P. Green. 2007. *Scenes from the Climate Inquisition: The Chilling Effect of the Global Warming Consensus. Weekly Standard* 012 (22): 26-29. 19 de fevereiro. http://www.weeklystandard.com/Content/Public/Articles/000/000/013/275tmktp.asp.

Heberling, Michael. 2006. *Mandating Renewable Energy: It's Not Easy Being Green. Freeman* 56 (8): 23-26. http://www.fee.org/publications/ the-freeman/article.asp?aid=5794.

Helmer, Roger. 2007. *Climate Change Policy in the EU: Chaos and Failure. European Journal*, fevereiro, http://www.rogerhelmer.com/ej climatechange.asp.

Hollander, Jack M. 2003. *Rushing to Judgment. Wilson Quarterly* 27 (2): 64-78. http://meteo.lcd.lu/globalwarming/Hollander/ Rushingjudgment.pdf.

Horner, Christopher C. 2007. *The Politically Incorrect Guide to Global Warming and Environmentalism*. Washington, DC: Regnery.

Intergovernmental Panel on Climate Change. 2002. *Climate Change 2001: Synthesis Report: Third Assessment Report of the Intergovernmental Panel on Climate Change. Cambridge, U.K.:* Cambridge University Press.

_____. 2007. *Climate Change 2007: Synthesis Report: Summary for Policymakers* — *Fourth Assessment Report of the Intergovernmental Panel on Climate Change*. http://www.ipcc.ch/pdf/assessment-report/ar4/syr/ar4_syr_spm.pdf.

Klaus, Václav. 1991. *Nemám rád katastrofická scénáře [Não Aprecio Previsões Catastróficas]*. Sagit, Ostrava.

_____. 2002. *O ekologii, ekologismu a životním prostředí [Sobre Ecologia, Ecologismo e Meio ambiente]*. *Lidové noviny*, 9 de fevereiro. http://www.klaus.cz /klaus2/asp/clanek.asp?id=k4cfwhvQqNyd.

_____. 2003. *Economy and Economics in the Context of Ecological Problems— Twenty Basic Economist's Theses*. In *Sociologicke a ekonomicke sou- vislosti ekonologickeho problemu [Os Contextos Social e Econômico do Problema Ecológico]*, ed. Jiff Dlouhy. Praga: Czech Environment Center, Charles University.

_____. 2004. *Křečovitá reakce ekologických aktivistů [A Reação Absurda dos Ativistas do Meio ambiente]*. Boletim informativo, Center for Economics and Politics, Praga, fevereiro.

_____. 2006. *What Is Europeanism?* Mladá fronta Dnes, 8 de abril.

_____. 2007. *Modrá, nikoli zelená planeta*. Praga: Dokoran.

Kříž, Karel. 2005. *Oteplování jako karneval blbosti [O Aquecimento Global: um Carnaval de Estupidez]*. PRO 51: 32-33.

Lawson, Nigel. 2006. *The Economics and Politics of Climate Change: An Appeal to Reason*. Palestra proferida no Centre for Policy Studies, Londres, 1º de novembro. http://www.cps.org.uk/cpsfile.asp?id=641.

Lomborg, Bjorn. 2001. *The Skeptical Environmentalist: Measuring the Real State of the World*. Cambridge, U.K.: Cambridge University Press.

_____. 2007. *Speaking with a Skeptical Environmentalist*. Entrevista do ICIS Chemical Business Americas, 5 de fevereiro. http://www.icis.com/Articles/2007/02/12/4500653/ speaking-with-a-skepticalenvironmentalist. html.

Lomborg, Bjørn e Flemming Rose. 2007. *Jak zchladit Al Gorea, věrozvěsta oteplování [Irá Al Gore Derreter?]*. *Hospodářské noviny*, 22 de janeiro, 11. http:// www.opinionjournal.com/editorial / ?id=110009552.

Loužek, Marek. 2004. *Nepodléhejme zelenému mámení. [Não Vamos nos Entregar à Ilusão Verde]*. Em *Trvale udržitelný rozvoj* [Desenvolvimento Sustentável], ed. Marek Louzek, 67-72. Praga: Center for Economics and Politics.

Mach, Petr. 2007. *Sporna teorie globalnfho oteplovanf.* Boletim informativo, Center for Economics and Politics, Praga, fevereiro, 1-3.

Manne, Alan S. 1996. *Costs and Benefits of Alternative CO2 Emissions Reduction Strategies*. In *An Economic Perspective on Climate Change Policies,* ed. Charles E. Walker, Mark A. Bloomfield e Margo Thorning. Washington, DC: American Council for Capital Formation Center for Policy Research.

McKitrick, Ross. 2005. *Is the Climate Really Changing Abnormally?* Fra- ser Forum, abril, 8-11. http://www.uoguelph.ca/~rmckitri/research/FFhockeystick.pdf.

McKitrick, Ross, Joseph D'Aleo, Madhav Khandekar, William Kininmonth, Christopher Essex, Wibjorn Karlen, Olavi Karner, Ian Clark, Tad Murty e James J. O'Brien. 2007. *Independent Summary for Policymakers: IPCC Fourth Assessment Report.* Vancouver, BC: Fraser Institute, http://real climate.org/ FraserAnnotated.pdf.

Meadows, Donella H., Dennis L. Meadows, Jorgen Randers e William W. Behrens. 1972. *The Limits to Growth.* Nova York: Potomac Associates.

Mendelsohn, Robert O. 2006-2007. *A Critique of the Stern Report. Regulation* (publicação de inverno): 42-46. http://www.cato.org/pubs/regulation/regv29n4/v29n4-5.pdf.

Mendelsohn, Robert O. e Larry Williams. 2004. *Comparing Forecasts of the Global Impacts of Climate Change. Mitigation and Adaptation Strategies for Global Change* 9 (4): 315-33.

Michaels, Patrick J. 2004. *Meltdown: The Predictable Distortion of Global Warming by Scientists, Politicians, and the Media. Washington, DC: Cato Institute.*

_____. 2006. *Is the Sky Really Falling? A Review of Recent Global Warming Scare Stories.* Policy Analysis 576, Cato Institute, Washington, DC. http:// www.cato.org/pub_display.php?pub_id=6622.

_____. 2007. *Opposing View: Live with Climate Change. USA Today,* 5 de fevereiro. http://blogs.usatoday.com/oped/2007/02/post_4.html.

Monbiot, George. 2006. *Drastic Action on Climate Change Is Needed Now— and Here's the Plan. Guardian,* 31 de outubro. http://www.guardian.co.uk/ commentisfree/story/0,,1935562,00.html.

Morris, Julian. 1998. *Popper, Hayek, and Environmental Regulation.* Palestra proferida na Adam Smith Society, Milão, 24 de junho. http://www.policynetwork. net/uploaded/pdf/ popper_hayek_envreg.pdf.

Motl, Luboš. 2007a. *Pochybnosti o globálním oteplování [Dúvidas a respeito do Aquecimento Global]. Lidové noviny,* 24 de fevereiro, 8

_____. 2007b. *Polemika: Pochybení pana Metelky [Polêmica: Os erros do Sr. Metelky"] Neviditelny pes,* 2 de março. http://neviditelnypes.lidovky.cz/ p_veda.asp?c=A070301_191633_p_veda_wag.

Nordhaus, William. 2006. *The Stern Review on the Economics of Climate Change.* NBER Working Paper 12741, National Bureau of Economic Research, Cambridge, MA. http://www.sfu.ca/mpp/pdfs/Nordhaus%20 Review%20 of%20Stern.pdf.

Noriega, Roger E 2006. *Struggle for the Future: The Poison of Populism and Democracy's Cure.* Latin American Outlook 6, American Enterprise Institute, Washington, DC. http://www.aei.org/publications/pubID.25225/pub_detail.asp.

Novák, Jan. 2007. *Klima se dramaticky otepluje: Přijde doba ledová? [O Clima Está Ficando Cada Vez Mais Quente: Será Que Teremos Uma Nova Era do Gelo?] Hospoddfske noviny,* 11 de janeiro,1-4

Percoco, Marco e Peter Nijkamp. 2007. *Individual Time Preferences and Social Discounting: A Survey and a Meta-Analysis.* Conference Paper 345, European Regional Science Association, Viena, Áustria.

Peron, Jim. 2004. *The Irrational Precautionary Principle. Freeman* 54 (4): 38- 40. http://fee.org/publications/the-freeman/article.asp?aid=5292.

Petřík, Michal. 2006. *Nepříjemná demagogie [Uma Demagogia Inconveniente]. Euro* 47: 84.

Popper, Karl R. 1975. *The Rationality of Scientific Revolutions.* Em *Problems of Scientific Revolution: Progress and Obstacles to Progress in the Sciences,* ed. Rom Harre, 72-101. Oxford, UK: Oxford University Press.

Říman, Martin. 2004. *Nova evropska dan z energie [O Novo Imposto Europeu sobre Energia].* Boletim informativo, Center for Economics and Politics, Praga, fevereiro.

Říman, Martin. 2007. *Evropská oteplovací hysterie [A Histeria sobre o Aquecimento Global na Europa]. Hospoddfske noviny,* 19 de março.

Scharper, Stephen B. 1994. *The Gaia Hypothesis: Implications for a Christian Political Theology of the Environment. Cross Currents* 44 (2): 207. http://www.crosscurrents.org/Gaia.htm.

Schelling, Thomas C. 1996. *Costs and Benefits of Greenhouse Gas Reduction.* Em *An Economic Perspective on Climate Change Policies,* ed. Charles E. Walker, Mark A. Bloomfield e Margo Thorning. Washington, DC: American Council for Capital Formation Center for Policy Research, http://www. accf.org/publications/reports/sr-costsbenefitsggr95.html.

_____. 2002a. *Greenhouse Effect.* Em The Concise Encyclopedia of Economics, ed. David R. Henderson. Indianapolis, IN: Liberty Fund Inc. http://www.econlib.org/library/Enc/GreenhouseEffect.html.

_____. 2002b. *What Makes Greenhouse Sense?* Foreign Affairs 81 (3): 2-9. http://www.foreignaffairs.org/20020501facomment8138/thomas-c-schelling/what-makes-greenhouse-sense.html.

Simon, Julian L. 1981. *The Ultimate Resource*. Princeton, NJ: Princeton University Press.

_____.1995. *The State of Humanity*. Cambridge, MA: Blackwell.

_____.1996. *The Ultimate Resource 2*. Princeton, NJ: Princeton University Press.

Singer, S. Fred. 2000. Entrevista para *Frontline, What's Up with the Weather?* PBS Online and WGBH/Nova/Frontline, March 12. http://www.pbs.org/wgbh/warming/debate/singer.html.

_____. 2006 *Comment: The "Climate Change" Debate: S. Fred Singer Responds to the Exchange, in the Previous Issue, between Nicholas Stern and Ian Byatt et al.* World Economics 7 (3): 185-88.

_____. 2007. *The Great Global-Warming Swindle*. San Francisco Examiner, 22 de maio. http://www.independent.org/newsroom/article.asp?id=1945.

Singer, S. Fred e Dennis T. Avery. 2005 *The Physical Evidence of Earth's Unstoppable 1500-Year Climate Cycle,* NCPA Study 279, National Center for Policy Analysis, Dallas, TX. http://www.ncpa.org/pub/st/.

_____. 2006. *Unstoppable Global Warming Every 1,500 Years*. Lanham, MD: Rowman e Littlefield.

Staudenmaier, Peter. 1995. *Fascist Ideology: The '"Green Wing" of the Nazi Party and Its Historical Antecedents*. Em *Ecofascism: Lessons from the German Experience, ed.* Janet Biehl e Peter Staudenmaier. Oakland, CA: AK Press, http://www.spunk.org/texts/places/germany/sp001630/peter. html#bib3; 1-23.

Stern, Nicholas. 2006. *Stern Review on the Economics of Climate Change*. Londres: Her Majesty's Treasury, http://www.hm-treasury.gov.uk/independent_ reviews/stern_review_economics_climate_change/stern_review_report. cfm.

_____. 2007. *After the Stern Review: Reflections and Responses*. Paper C, Her Majesty's Treasury, Londres, http://www.hm-treasury.gov.uk/me-dia/D/B/stern_yaleb091107.pdf.

Summers, Lawrence. 2007. *Economists' Forum: In Spite of Economic Sceptics, It Is Worth Reducing Climate Change*. Financial Times, 6 de fevereiro. http://blogs.ft.com/wolfforum/2007/02/in-spite-of-ecohtml/.

Tennekes, Hendrik. 2007. *A Personal Call for Modesty, Integrity, and Balance by Hendrik Tennekes*. Roger Pielke Sr. Research Group News, 31 de janeiro, http://climatesci.org/2007/01/.

Tolasz, Radim, ed. 2007. *Climate Atlas of Czechia*. Praga: Czech Hydrometeorological Institute e Palacky University Publishing Centre.

Tříska, Dušan. 2007. *Ekonomická analýza neekonomických problémů: Případ globálního oteplování: Nordhaus vs. Stern [Uma Análise Econômica de Problemas Não-Econômicos: O Caso do Aquecimento Global: Nordhaus vs. Stern]*, em *Global Warming: Reality or Bubble?*, 98-109. Praga: Center for Economics and Politics.

Tucker, William. 1982. *Progress and Privilege: America in the Age of Environmentalism.* Garden City, NY: Anchor Books.

Tupy, Marian. 2006. *The Rise of Populist Parties in Central Europe: Big Government, Corruption, and the Threat to Liberalism.* Development Policy Analysis 1, Cato Institute, Washington, DC. http://www.cato.org/pub_display.php?pub_id=6739.

Usoskin, I. G., K. Mursula, S. K. Solanki e M. Schussler. 2003. *Reconstruction of Solar Activity for the Last Millennium Using ^{10}Be Data. Geophysical Research Abstracts* 5: 11599. http://www.cosis.net/abstracts/EAE03/11599/EAE03--J-11599.pdf.

Veblen, Thorstein. 1899. *The Theory of the Leisure Class: An Economic Study of Institutions.* Nova York: Macmillan.

Von Mises, Ludwig. 1996. *Human Action.* 4th rev. ed. Irvington-on-Hudson, NY: Foundation for Economic Education.

ANOTAÇÕES

ANOTAÇÕES

SUGESTÕES DE LEITURA

**A MARCA
CHAMADA VOCÊ**
Peter Montoya com Tim Vandehey

PENSE MELHOR
Tim Hurson

COMO
Dov Seidman

**GRANDES DECISÕES
SOBRE PESSOAS**
Claudio Fernández-Aráoz

SEDUZIDO PELO SUCESSO
Robert J. Herbold

A ERA DA VELOCIDADE
Vince Poscente

QI DE PERSUASÃO
Kurt W. Mortensen

**O PATINHO FEIO
VAI TRABALHAR**
Mette Norgaard

**ESTREITANDO A
LACUNA DA INOVAÇÃO**
Judy Estrin

WWW.DVSEDITORA.COM.BR
SÃO PAULO, 2010